감성지수를 높이는 창의적 아동요리

감성지수를 높이는 창의적 아동요리

지은이　백항선

초판 1쇄　2015년 11월 30일
펴낸곳　해피&북스
발행인　채주희
등록　제10-1562호(1985.10.29)

주소　서울시 마포구 신수동 448-6
전화　02-323-4060, 6401-7004
팩스　02-323-6416
이메일　elman1985@hanmail.net
　　　　www.elman.kr

ISBN　978-89-5515-568-6

값　20,000원

* 이 책에 대한 무단 전재 및 복사를 금합니다.
* 잘못된 책은 바꾸어 드립니다.

감성지수를 높이는 창의적 아동요리

백항선 지음

해피&북스

머리말

　요즘 아동요리교육이 다양한 영역에 응용되면서 점차 주목을 받고 있다. 하지만 일반인들에게 '요리활동'는 아직 생소한 분야다. '요리활동'이라 하면, 도대체 요리로 무슨 활동을 한다는 건지 머리를 갸우뚱할 이들이 대부분일 것이다. 설령 요리교육에 대해 들어본 적이 있다 해도, 그런 건 전문적으로 요리분야에 일하는 사람이나 받아야 하는 거 아닌가 하고 오해하는 경우도 많다. 하지만 사회가 창의력이나 감성을 필요로 하면서 요리는 말이나 글보다 심리적 상황을 더욱 쉽게 표현해낼 수 있는 표현수단으로 활용되고 있다.

　아동요리교육이 국내에 도입된지는 얼마 되지 않았지만 아동들에게 오감을 자극할 수 있는 데 효과가 높다는 것으로 인기를 얻고 있다. 요리활동은 자신의 머릿속에 떠오르는 이미지를 만들거나 요리재료를 만지는 과정 등을 통해 뇌를 자극하게 되고 그를 통해 창의력이 높아지는 아동교육법 중에 하나이다. 즉 요리라는 도구로 통해 아동의 심신을 안정시키고 긍정적인 에너지를 얻어 스스로 작품을 만들면서 창의력을 높이는 활동법인 것이다.

　요리활동은 미술이 표현할 수 있는 모든 기법을 동원하여 활동을 할 수 있으며, 요리 활동을 통해 얻어진 내면의 힘은 보다 긍정적인 눈으로 앞으로의 삶을 가꾸어 나갈 자양분이기 때문이다.

특히 아동은 부모의 과도한 기대나 학업성적, 지나친 경쟁, 비교 등을 통해 어른들 못지않은 스트래스를 느끼고 있 된다. 따라서 아직 표현력이 부족하고 생활에 관한 인지도가 떨어지는 아동에게는 요리활동을 통해 자신감과 감성을 자라게 하고, 아동이 가지고 있는 심리적인 문제, 스트래스 등을 치유할 수 있다.

요리교육은 전문가의 몫이긴 하지만, 집에서도 얼마든지 간단한 요리활동을 할 수 있다. 아동과 함께, 혹은 가족 모두가 함께 요리 놀이를 한다고 보면 된다. 대부분의 아동은 성장하면서 주방에서 일어나는 일에 흥미를 보이며 엄마나 아빠와 요리 놀이를 하는 것을 좋아한다.

이 책은 아동요리를 처음으로 공부하는 사람은 물론 이미 아동요리는 알고 있지만 무엇을 어떻게 지도해야 할지 막막한 이들에게 도움을 주고자 집필한 책이다.

백항선

차례

제1부 감성지수를 높이는 창의적 아동 요리가 주는 매력

1. 탐구력이 자란다 ---------------------------- 13
2. 신체 기능이 발달한다 ------------------------ 14
3. 기초 학습능력이 길러진다 --------------------- 14
4. 산만한 아이의 집중력을 키운다 ----------------- 14
5. 성취감을 높인다 ---------------------------- 15
6. 창의력을 높인다 ---------------------------- 15
7. 성실성과 협동심을 길러 준다 ------------------- 16
8. 오감을 자극한다 ---------------------------- 16
9. 감정 상태를 파악하는 데 도움을 준다 ------------- 17
10. 정서 순화에 도움을 준다 --------------------- 17
11. 자기주도적 능력을 갖게 한다 ------------------ 17
12. 친근한 미적 의식을 고양시킨다 ---------------- 18
13. 상대방을 배려하는 마음을 갖게 된다 ------------ 18

제2부 아동 요리를 효과적으로 지도하는 노하우

1. 안정된 분위기를 조성한다 — 21
2. 요리활동의 목적과 원리를 알려준다 — 22
3. 재료를 준비한다 — 22
4. 만드는 방법을 알려준다 — 23
5. 만드는 과정에서 질문을 활용한다 — 23
6. 표현의 격려와 개성을 존중해야 한다 — 23
7. 정리하기 — 24

제3부 감성지수를 높이는 창의적 아동 요리의 실제

1. 액자 만들기 — 29
2. 숲속 동물 친구들 — 32
3. 공작새 만들기 — 37
4. 과자 목걸이 만들기 — 41
5. 통통배 타고 출발 — 46
6. 아름다운 정원을 내 손으로 뚝딱! — 50
7. 예쁜 떡 만들어요 — 55
8. 알록달록 애벌레 — 59
9. 축하해요~사랑해요 — 63
10. 씩씩한 어린이 — 67
11. 안전하게 지내요 — 72
12. 들로 산으로 — 76

13. 즐거운 우리집 ······ 81
14. 날아라 하늘로 ······ 86
15. 무당벌레 도시락 ······ 91
16. 오색 다식 ······ 96
17. 달님 별님 송편 ······ 102
18. 똑같아요 ······ 107
19. 정다운 이웃 ······ 112
20. 꼬마 눈사람 ······ 117

21. 즐거운 민속놀이 ······ 122
22. 만나서 반가워요 ······ 127
23. 즐거운 우리 교실 ······ 132
24. 꼭꼭 숨어라 ······ 137
25. 찾아보세요 ······ 142
26. 이만큼 자랐어요 ······ 147
27. 올라가고 내려오고 ······ 152
28. 숲속의 나라 ······ 157
29. 야채 기차 ······ 162
30. 자동차 만들기 ······ 167

31. 꿈의 세계 ······ 172
32. 과수원에 가요 ······ 176
33. 야채쌈으로 만든 우리 가족의 표정 ······ 181
34. 여러 가지 탈것 ······ 186
35. 특별한 초대장 ······ 191

36. 바게트 비단신	196
37. 과자로 만드는 빌딩	200
38. 얼굴 오므라이스	206
39. 쿠키로 물고기 만들기	212
40. 브로컬리 크루스타트	217
41. 야채 숲 샐러드	223
42. 색 김밥 표지판	228
43. 과일깍이로 색의 변화 알기	234
44. 과일 송편 만들기	239
45. 식빵으로 얼굴 만들기	244
46. 알록달록 편수 만들기	249
47. 케이크 만들기	254
48. 과자로 집 만들기	259
49. 야채볶음밥으로 얼굴 표현하기	263
50. 도시락으로 얼굴 표현하기	268

제1부

감성지수를 높이는 창의적 아동 요리가 주는 매력

감성지수를 높이는 창의적 아동 요리가 주는 매력

1. 탐구력이 자란다

　탐구력은 진리, 학문 따위를 깊이 파고들어 연구하는 힘을 말한다. 탐구력은 아이들로 하여금 주변환경과 자연환경에 대해 관심과 호기심을 가지게 하고, 사고능력과 창의적인 문제해결 능력의 기초가 된다. 탐구력은 교육부에서 제정한 유치원 교육과정 탐구생활의 목표이기도 하다.

　요리활동은 다양한 탐구 실험의 장으로 요리 재료들의 모양이나 성장 상태, 가공 후의 모습, 색깔의 변화, 밀도, 질량, 열에너지에 의한 음식의 변화 상태 등을 자연스럽게 습득하여 과학의 개념을 이해하게 한다. 요리활동은 아이들 스스로가 요리 재료나 조리 과정 중에 흥미를 가지고 깊이 있게 사고하고, 관찰함으로 인해서 탐구력이 생기게 해준다. 아이들이 문제를 해결해 나가는 과정에서 사고하고 탐구하는 경험은 창의력을 발달시키는데 매우 중요하다. 따라서 아이들의 탐구력을 배양하기 위하여 요리활동은 과정 중심이어야 하며, 다른 영역과 탐구력 발달을 위해 통합적으로 운영되어야 한다.

2. 신체 기능이 발달한다

요리활동을 통해서 아이들의 신체 기능이 골고루 발달한다. 요리활동을 통해서 아이의 신체 기능이 발달하는 것을 연계해보면 다음과 같은 장점을 가지고 있다.

1) 아이는 썰기, 씻기, 정리하기, 반죽하기, 운반하기 등의 요리활동을 통해서 대근육의 기능이 발달된다.
2) 아이는 빗기, 만들기, 깎기, 조각하기, 그리기 등의 요리활동을 통해서 소근육의 기능이 발달된다.
3) 아이가 요리활동을 하게 되면 음식 재료를 준비하고 만드는 과정 속에서 눈으로 보고 마음으로 생각한 것을 자르고, 붙이고, 깎고, 조합하고, 조리하면서 자연스럽게 눈과 손의 협응력이 길러진다.

3. 기초 학습능력이 길러진다

요리활동을 통한 다양한 재료와 조리도구, 조리방법은 아이들에게 말하기 능력을 길러주며, 동화의 대목을 선정해서 읽고 감상함으로 요리활동을 하게 하면 읽기 능력을 배울 수 있으며, 수학의 기초학습 능력인 숫자의 개념과 셈하기를 배울 수 있다. 또한 요리활동에 대한 과정과 감상을 적을 수 있는 과제지를 만들어서 지도한다면 쓰기능력을 익힐 수 있다.

4. 산만한 아이의 집중력을 키운다

아이와의 요리를 매개체로 한 놀이나 대화는 일상적인 아이와의 대화보다 아이

의 정서 상태를 파악하는데 유리하다. 요리를 통해 부모는 아이의 기분이나 하루 동안 가장 즐거웠던 일 등 정서적인 부분을 표현하도록 하면 아이의 마음을 진심으로 이해하는데 도움이 되며 이를 바탕으로 부모가 아이에게 해야 할 말과 행동을 결정하게 된다. 뿐만 아니라 아이가 요리활동에 집중함으로써 아이는 작품을 만들면서 정서적으로 안정감과 집중력을 높일 수 있다.

5. 성취감을 높인다

어떤 아이든 흥미를 느끼는 분야가 요리이다. 따라서 선생님이나 부모는 아이들이 흥미를 느끼는 요리를 통해서 작품을 선정하고 그것을 만드는 과정에서 아이가 성취감을 느끼게 해주면 된다. 요리를 통한 성취감은 결국 아이에게 자신감을 갖게 해준다. 이렇게 쌓인 자신감은 어른이 되어서도 목표를 잃지 않는 자신있는 삶을 살게 해준다.

6. 창의력을 높인다

창의력은 노력해서 길러지기 보다는 타고난 능력이라고 여겼고 그래서 다른 사고능력에 비해 어렵고 복잡한 능력이라고만 생각했다. 그러나 부모가 조금만 주의를 기울여도 일상적으로 스칠 수 있는 사소한 것으로부터 아이들의 창의력을 키워줄 수 있다.

요리는 다른 어떤 아이들을 위한 교육 프로그램보다 창의적인 사고가 필요하며 결과물이 독창적이고 질적으로 우수한 사고를 산출하는데 효과가 있다. 특히 만들어진 요리는 만드는 과정에서 만드는 방법이나 숙련도에 따라 결과가 아주 다양하게 나오므로 창의성이 높아질 수밖에 없다.

7. 성실성과 협동심을 길러 준다

요리활동은 개별적으로 이루어지기도 하지만 팀 단위로 이루어지기도 한다. 개별적으로 요리활동을 할 때는 순서대로 하지 않으면 안 되기 때문에 작품활동 내내 성실하게 요리에 몰두해야 한다. 따라서 아이는 요리 과정에서 성실성을 배우게 된다. 팀 단위 요리활동에서는 나만 잘 만들어서 되는게 아니라 동료들도 잘 만들어 주어야 작품이 잘 나온다는 것을 깨닫게 되어 협동의 중요성을 깨닫게 된다.

8. 오감을 자극한다

오감을 자극한다는 것은 결국 뇌를 자극하는 것이며 뇌의 자극은 지능을 높여 줄 뿐만 아니라 창의성을 높인다. 따라서 오감을 통한 아이의 지능과 창의성을 높이려는 시도는 주변에 널려 있음을 알 수 있다. 아이 대상의 교육 프로그램들은 하나같이 오감을 자극한다고 한다. 그러나 완벽하게 오감을 자극할 수 있는 프로그램은 아동 요리밖에 없다. 한 가지만의 감각을 이용하는 것이 아니라 두 가지 이상을 쓰는 것을 통상적으로 오감을 자극하는 프로그램이라 부르고 있어 엄밀한 의미에서의 오감 교육은 아닌 것이다.

실제로 아이들이 하고 있는 블록이나 찰흙을 가지고 하는 놀이 프로그램들은 시각과 촉각을 만족시킬 뿐, 청각이나 미각, 후각을 자극하기에는 역부족이다. 그러나 요리는 말 그대로 시각, 청각, 후각, 미각, 촉각 등 5가지 감각을 모두 만족시켜 준다.

9. 감정 상태를 파악하는 데 도움을 준다

미술은 아동들이 자신을 가장 쉽게 표현할 수 있는 방법이며, 요리를 통한 미술은 요리재료가 주로 주변에서 흔히 볼 수 있는 친숙한 것이고 또 쉽게 구할 수 있는 직접적인 매체이므로 자신의 감정을 그대로 표현하는 데 도움이 된다.

아이들은 언어사용에 한계가 있으므로 요리 작품을 통해 아이들의 감정이나 개념, 상상 세계, 정신상태 등을 자연스럽게 인식할 수 있다.

10. 정서 순화에 도움을 준다

요리는 완성되기까지 일정한 과정을 거쳐야 한다. 일정한 과정을 거치려면 인내심을 가지고 정성을 들여야 한다. 재료를 썰고 음식이 익어가는 동안 기다리는 훈련을 하게 되므로 인내심이 길러진다. 따라서 아이들은 이러한 요리 과정을 통해서 인내력과 교사에 대한 신뢰감을 갖게 되고, 자신의 창작품을 통해 자아존중감과 같은 정서가 발달하게 된다.

11. 자기주도적 능력을 갖게 한다

미술을 통한 표현활동은 주어진 학습목표에 따라 재료를 준비하고 요리가 완성되기까지 자신이 전 과정을 주도하게 되며 완성된 요리로 인해 큰 성취감을 얻게 된다. 혼자서 만들어 가는 과정이기 때문에 모든 일을 스스로 해야 하며, 스스로가 더 멋있고 독특하게 표현하고 싶은 마음을 갖게 된다. 이러한 과정을 통해서 부모로부터 독립심을 기르고 목표를 달성하려는 동기유발을 일으키고 결국은 자기주도적인 능력을 갖게 된다.

12. 친근한 미적 의식을 고양시킨다

　요리를 통한 미술활동은 매일 먹고 쉽게 구할 수 있는 재료를 가지고 하는 것이므로 아이들에게는 매우 친근감을 준다. 요리의 재료를 먹는 것으로만 알았던 아이들로 하여금 미술의 재료로 사용하게 함으로써, 사고할 수 있는 지각능력과 창의성의 폭을 키워준다.
　먹는 재료를 통한 활용 방법의 다양한 변화를 체험하면서 요리재료를 통해서도 아름다운 작품을 만들 수 있다는 미적 의식을 높이게 된다.

13. 상대방을 배려하는 마음을 갖게 된다

　작품을 완성한 후 아이들은 다른 아동들의 작품 감상을 통해 그 친구의 감정, 느낌, 작품을 만든 의도를 들음으로 나와 다르다는 것을 인식하게 된다. 그 과정에서 자신과 다른 사람의 차이점을 알고 상대방을 존중하는 자세를 기르게 된다.

제2부

아동 요리를 효과적으로 지도하는 노하우

아동요리를 효과적으로 지도하는 노하우

지금까지 아이들을 위한 요리활동은 여러 면에서 매우 효과적이라는 것을 알 수 있었다. 그렇다면 그러한 효과를 높이기 위해서 어떻게 지도하면 좋을 것인가? 요리활동을 효과적으로 지도하기 위한 교수·학습 원리 및 방법에 대하여 살펴본다.

1. 안정된 분위기를 조성한다

아이가 요리활동을 하기 위해서는 안정된 분위기를 조성해 주어야 한다. 아이들은 어른과 달리 환경의 영향을 많이 받기 때문에 요리활동에 전념할 수 있는 분위기가 갖추어져 있지 않으면 다른 장난을 하거나 요리활동에 몰두하지를 못한다. 안정된 분위기를 제공해 줄수록 아이는 요리활동에 집중할 수 있기 때문에 흥미유지나 동기유발에 도움이 된다.

안정된 분위기는 두 가지 부분에서 말할 수 있는데 하나가 환경적 분위기이며 또 하나가 정서적 분위기이다.

환경적 분위기는 아이가 요리활동을 전개하는 장소, 즉 작업대 주변 분위기로 아이들이 좋아하는 분위기로 만들어주어야 정서적으로 안정감을 얻는다.

정서적 분위기를 위해 부모는 요리활동 중에 일관되게 긍정적인 반응과 아이가 쉽게 배울 수 있도록 가르쳐 주어야 하며, 어떤 결과든 수용하겠다는 태도를 계속적으로 보여 줄 때 아이가 안정된 정서를 유지할 수 있게 된다. 또한 부모는 아이와 수직적인 관계보다는 서로 도와주고, 나누어주고, 협력하고, 위로해 주는 수평적 관계라는 신뢰가 형성되도록 한다. 따라서 요리활동 도중에 아이에게 시종일관 미소, 응시, 감성적 어휘 사용 등이 수반된 의사소통을 하는 것이 좋다.

2. 요리활동의 목적과 원리를 알려준다

아이가 요리활동에 대해서 흥미를 갖게 하기 위해서는 무작정 시키는 것이 아니라 아이들과 자연스러운 대화를 하며 같이 참여하는 것이 좋다. 또 요리활동의 목적과 원리를 알려 주면 요리활동에 대하여 흥미를 갖게 되고 적극적으로 참여해야 하겠다는 동기를 유발하게 된다.

예를 들면 밀가루 반죽을 이용해서 아라비아 숫자를 만드는 활동을 한다면 학습목표, 숫자의 유래 및 필요성, 밀가루의 특성 등을 알려주어야 한다.

3. 재료를 준비한다

요리활동에 들어가는 재료를 준비해 준다. 그리고 아이가 저학년이라도 계량하는 방법에 대해서는 스스로 해볼 수 있는 기회를 주는 것이 좋다. 예를 들면 무게를 재는 것, 수량과 크기를 맞추는 것, 잘라 놓기 등을 시키면 이를 통해 다양한 장점을 발달시키는 데 효과가 높다.

4. 만드는 방법을 알려준다

이 단계에서는 요리재료를 가지고 어떤 공정을 거쳐야 하며, 어떤 조리도구를 어떻게 사용하는가를 알려주는 것이다. 가장 좋은 방법은 부모가 먼저 아이 앞에서 시연을 해주고 그에 따라 아이가 따라하게 하는 것이 좋다. 그러나 부모가 자세하게 지도할수록 따라하는 능력밖에는 생기지 않는다. 따라서 모든 과정을 다 알려주기 보다는 원리를 알려주고 그에 따라 어려운 조리 방법이나 조리 도구의 사용 방법을 알려주어 창의적인 활동이 많이 가미되도록 해야 한다. 그러나 아무리 창의적 활동이 중요하다고 해서 위험한 공정을 아이에게 맡기기 보다는 부모가 위험한 공정은 해주는 것이 좋다.

5. 만드는 과정에서 질문을 활용한다

아이가 주어진 재료를 가지고 요리활동을 시작하면 부모는 옆에서 아이에게 창의력, 탐구력, 사고력, 발표력을 길러주는 질문을 하면서 아이에게서 얻고 싶은 효과를 얻어내도록 해야 한다. 아이가 요리활동을 하는데 아무 질문이 없으면 말 그대로 요리만을 배우게 되는 것이다. 그러나 요리를 시작하기 전과 요리를 하고 있는 중간에, 요리를 끝내고 난 후, 질문을 적절히 사용하면 요리를 통한 과학, 수학, 미술과 같은 학습능력을 높일 수 있다.

6. 표현의 격려와 개성을 존중해야 한다

아이가 요리활동 중간이나 작품을 다 만들었을 때 아이의 표현에 대해 그대로 받아들이며 자유로운 감정 표현을 격려해 주어야 한다. 또한 아이의 독특한 생각과 느낌을 수용하고, 아이들 간에도 서로의 표현을 존중하고 격려하도록 돕는다.

- 아이에게 일어나는 감정을 표현할 수 있는 기회를 많이 준다.
- 모든 아이가 감성 표현에 참여할 수 있도록 적극적으로 유도한다.
- 소극적인 아이는 감정 표현 자체에 박수나 칭찬을 해 줌으로써 자신감을 갖게 한다.
- 자신과 타인과의 감정은 다를 수 있으므로, 아이들 간에 서로 비교하지 않는다.
- 긍정적 감성뿐만 아니라 부정적 감성이라도 아이 개인의 표현을 존중하여 반응한다.
- 아이들 스스로 서로의 생각과 느낌이 다르다는 것을 인정하고 격려하도록 돕는다.
- 요리활동 중 우연히 발생한 감성적 상황이라도 놓치지 말고 아이들이 함께 이야기를 나눌 수 있도록 배려한다.
- 인지적 성격이 강한 수학·과학활동을 진행하는 중에도 부모는 아이의 의지나 느낌을 표현할 수 있는 감성적 어휘를 사용한다.

7. 정리하기

　요리활동을 하게 되면 작업대를 중심으로 혼란스럽게 어질러지게 마련이다. 이때 아이에게 자기가 어질러 놓은 것은 스스로 정리하는 습관을 길러주어야 한다. 정리하는 것을 알려주지 않으면 아이는 요리활동만 하고, 나머지 정리는 부모가 하는 것으로 인지하게 된다. 그에 따라 생활 습관도 부모에게 의존하게 된다. 따라서 요리활동 중에는 꼭 정리하기까지가 포함되어 있다는 것을 알려 주어서 자신이 흥미를 갖고 전개했던 요리활동의 마지막은 정리로 끝남을 알려주어 이를 습관화해야 한다.

창의적 아동요리

제3부

감성지수를 높이는 창의적 아동 요리의 실제

1. 액자 만들기

▶ **주제**
- 쿠키로 사진틀 만들기

▶ **활동 목표**
- 가족과 함께한 즐거웠던 시간들을 떠올리고 이야기를 나눈다.
- 기억 속의 가족과 했던 좋은 시간들을 떠올려 심리적 안정과 자신감을 가질 수 있다.
- 우리 가족을 소개할 수 있다.
- 기본 도형을 익힌다.

▶ **함께 알아보아요**

□ 가족

가족은 성장기에 정서적, 심리적 안정을 가져다 주는 근원으로서 가족 구성원을 통해서 나의 존재와 정체성을 알게 되며 내가 소중한 존재라고 인식될 때 안정감과 함께 행동에 자신감을 유지하게 된다. 사진을 통해 가족과의 행복했던 시간을 기억해보고 자신이 만든 액자에 담아 봄으로써 스스로 가족을 소중하게 느낄 수 있다.

□ 밀가루

밀가루는 껍질을 모두 벗겨낸 밀 알갱이들을 빻아 만든 것이다. 곡물의 껍질에는 여러 가지 비타민과 미네랄, 그리고 식이섬유 등의 영양소가 들어있기 때문에 좀더 영양가 있게 먹고 싶다면 껍질을 벗기지 않은 통밀을 먹는 것이 좋다. 밀은 보리와 함께 세계에서 가장 오래된 곡물 중 하나이고 서늘하고 습기가 많은 곳에서 잘 자라며 우리가 먹는 밀은 대부분 미국 등 외국에서 재배된 것이지만 우리나라에서도 양은 적지만 깨끗하고 영양가가 높은 밀이 생산되고 있다.

▶ **준비 재료**
- 오븐, 쿠키믹스 1봉, 아이싱, 컬러 색소

▶ **준비 도구**
- 액자틀을 만들 수 있는 쿠키틀이나 그릇, 붓, 작은 볼 2개, 큰 볼 1개

▶ **참고 자료**
- 밀가루, 종류별 액자 모양

〈 활동과정 〉

▶ **흥미 끌기(5분)**
◎ 놀이를 이해하기
- 우리 가족은 누구 누구지?
- 우리 가족의 역할을 이야기해 볼까?

▶ **탐구하기(5분)**
◎ 만드는 방법 찾아내기
  [역할놀이하기]
- 가장 인상적인 사건을 예를 들고 서로 역할을 바꾸어 이야기해 본다.

▶ **놀이하기(20분)**
◎ 신나게 미술 놀이하기
1. 쿠키믹스로 반죽을 해서 30분간 냉장고에 넣어둔다.
2. 냉장고에서 꺼낸 반죽을 밀대로 밀어서 좋아하는 모양으로 찍어서 액자틀을 만든다.
3. 오븐에 넣어 10분간 구워 꺼낸다.
4. 만들어진 쿠키 위에 아이싱으로 꾸며서 예쁜 틀을 만든다.
5. 장식한 틀을 30분 정도 말린 후 뒤쪽에 사진을 끼워 액자를 완성한다.

▶ **토론하기(5분)**
◎ 원리 발견하기
- 어디서 찍은 사진인지 이야기해 줄래?

▶ **발전하기(5분)**
◎ 놀이 재료 활용하기
  다른 모양의 사진틀도 만들어 본다.

창의적 아동 요리

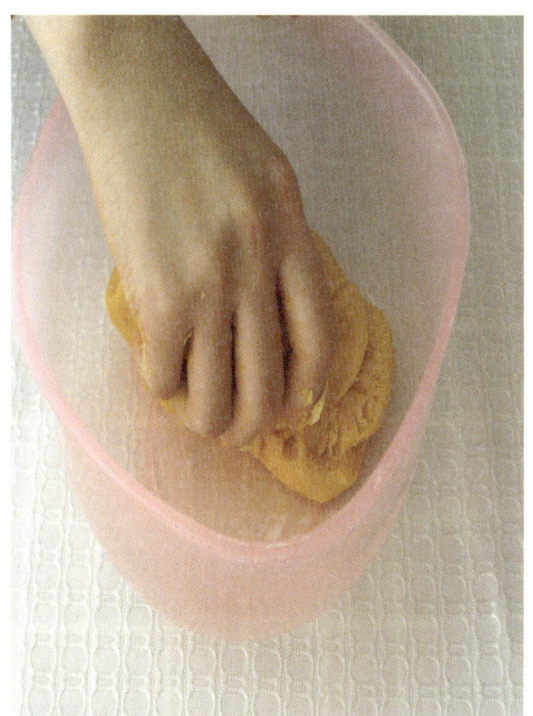

2. 숲속 동물 친구들

▶ **주제**
- 색깔, 소리, 높이(층) 익히기

▶ **활동 목표**
- 소근육을 키울 수 있다.
- 동물의 이름을 알 수 있다.
- 만든 동물의 울음소리와 흉내를 낼 수 있다.

▶ **함께알아 보아요**

☐ 카나페

작게 자른 빵이나 크래커 위에 버터를 바르고 햄, 치즈, 달걀, 채소 등을 예쁘게 썰어 얹어 놓은 것을 카나페라고 한다. 재료나 조리방법에 따라서 다양한 맛과 모양이 만들어진다. 서양에서는 파티 때 입맛을 돋우기 위해 쓰인다. 그렇기 때문에 맛도 중요하지만 모양도 작고 예뻐야 하고 집어먹기도 편하게 크기도 작아야 한다. 카나페의 뜻은 '긴 의자'라는 뜻인데 긴 의자처럼 생긴 식빵을 잘라 만들었다고 해서 붙여진 이름이다. 카나페는 프랑스에서 제일 먼저 만들었고 우리가 잘 먹는 샌드위치 보다도 먼저 생겼다고 한다.

☐ 식빵

빵은 아주 오래 전 이집트 사람이 처음 만들었다. 이집트에 살던 어떤 사람이 밀가루로 반죽해놓고는 까맣게 잊어버리고 그대로 놔두었는데 다음날 밀가루 반죽을 보고 고민하다가 불에 구워봤더니 고소하고 맛있는 냄새가 나는 말랑말랑한 빵이 되었고 그 후로부터 사람들은 여러 가지 모양과 색깔, 속을 넣은 빵을 만들어 먹었다. 식빵은 네모나게 생겼으며, 가운데는 하얗고 테두리는 갈색빛이 난다. 빵을 자세히 들여다 보면 작은 공기구멍이 있다. 만지면 폭신폭신하고 테두리는 딱딱하고 거칠다. 냄새는 향긋하고 고소한 냄새가 나며 오븐이나 불에 구우면 더 고소한 냄새가 나며 버터 냄새도 난다. 종류에는 옥수수식빵, 밤식빵, 우유식빵, 현미식빵 등이 있다. 씹을수록 단맛이 나고 오래 물고 있으면 입 안에서 사르르 녹는다. 종류에는 옥수수식빵, 밤식빵, 우유식빵, 현미식빵 등이 있다.

▶ 준비 재료
- 식빵 12장, 삶은 달걀 4개, 슬라이스햄 4장, 슬라이스치즈 4장, 익힌 새우살 12마리, 마요네즈 2큰술, 케첩 1큰술, 파슬리 작은 1술, 오이 1/2개, 버터 약간.

▶ 준비 도구
- 동물모양 쿠키틀

▶ 참고 자료
- 제빵 서적

〈 활동과정 〉

▶ 흥미 끌기(5분)
◎ 놀이를 이해하기
- 각 재료들이 어디서 만들어지는지 알아본다.
- 식빵은 무엇으로 만드나요?
- 새우는 어디서 사나요?
- 치즈는 무엇으로 만들까요?

▶ 탐구하기(5분)
◎ 만드는 방법 찾아내기
- 각 재료를 만져보고 색깔과 촉감을 이야기해 본다.
- 새우 껍질은 느낌이 어떠니?
- 새우 껍질을 벗기고 만지는 느낌은 어떠니?

▶ 놀이하기(20분)
◎ 신나게 미술 놀이하기

1. 식빵을 토스터기나 오븐에 살짝 2분 정도 구운 후 여러 가지 모양 틀로 예쁘게 찍는다.
2. 삶은 달걀은 커터기로 자르고 슬라이스햄, 치즈, 오이는 모양대로 찍고 식빵보다 0.5cm 작게 찍는다.
3. 식빵에 버터와 마요네즈를 바르고 여러 가지 재료 중에 맘에 드는 재료를 골라 식빵 위에 얹는다.

▶ 토론하기(5분)
◎ 원리 발견하기
- 숲속에 어떤 동물들이 있고 내가 좋아하는 동물은 어떤 동물일까?
- 그 동물을 흉내내 볼까?
- 재료를 틀로 찍을 때 느낌이 어떻게 다르니?
- 어떤 순서로 재료를 쌓았니?
- 몇층이니?

▶ 발전하기(5분)
◎ 놀이 재료 활용하기
- 틀로 찍고 남은 테두리를 보고 어떤 모양인지 맞추기 놀이를 해본다.

창의적 아동 요리

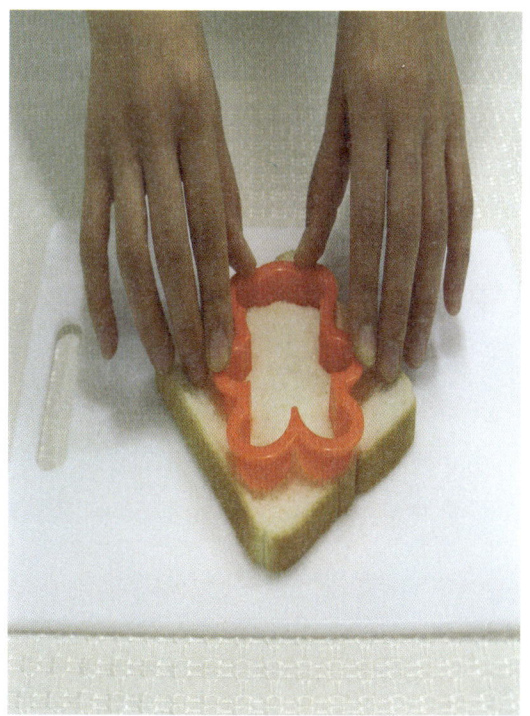 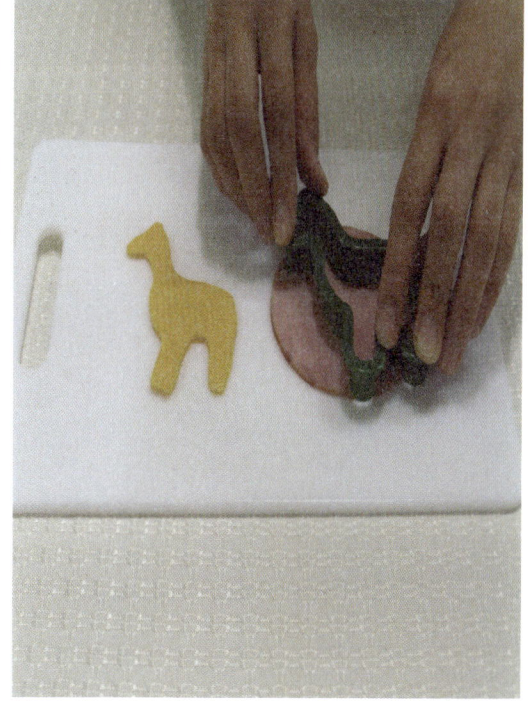

36 **감성지수를 높이는**

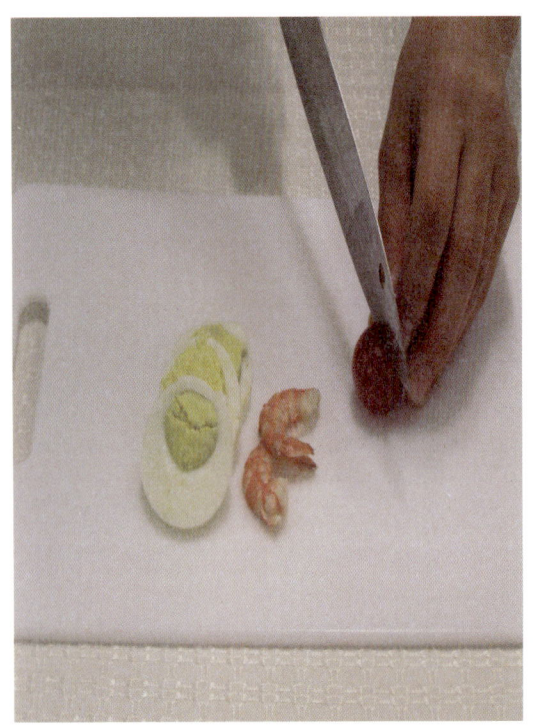

3. 공작새 만들기

▶ 주제
- 다양한 재료의 결합을 통해 모양 만들기

▶ 활동 목표
- 공작에 대해 알 수 있다.
- 새의 종류를 알 수 있다.
- 끼우기 활동을 통해 구축능력을 기른다.
- 재료를 만졌을 때 느낌과 생각을 창의적으로 표현한다.

▶ 함께 알아보아요
□ 공작새

공작새는 밀림의 물가에서 나무열매와 벌레 따위를 먹으며 살고 둥지는 땅 위에 잔가지나 풀을 모아서 만들고, 6~10개의 흰색 알을 낳아 암컷이 품는다. 새끼는 약 24일 만에 부화하며 부화하는 즉시 걸을 수 있다.

□ 공작새의 종류

공작새의 종류로는 자바공작과 인도공작의 두 종류가 있다. 자바공작의 수컷은 몸빛깔은 녹색이고 목덜미는 파란색을 띠며 머리 위에는 끝이 뾰족한 꽃술 모양 장식깃이 곧게 서 있으며 얼굴은 잿빛이 도는 흰색이고, 암컷은 약간 작고 온몸이 갈색이어서 그다지 곱지 않다. 인도의 나라새이기도 한 인도공작은 자바공작보다 약간 작고, 머리의 장식깃은 부채모양이고 비녀를 꽂은 모양과도 비슷하다. 수컷의 목은 새파랗고 등은 청동색이며 암컷은 온몸이 갈색을 띠며 수컷보다 약간 작은 편이다.

▶ 준비 재료
- 바나나 1개, 미니 단호박 1개, 생크림 1컵, 긴꼬치 10개, 파프리카 1개, 줄줄이햄 10개, 맛살 5개, 파 1뿌리, 새송이버섯 1개, 이쑤시개 5개, 빨간색, 초록색 체리 각각 3개씩, 초코펜

▶ 준비 도구
- 전자레인지, 큰 접시

▶ 참고 자료
- 공작새 사진

〈 활동과정 〉

▶ **흥미 끌기(5분)**

◎ 놀이를 이해하기
- 내가 아는 새의 이름을 이야기해 볼까?
- 좋아하는 새 이름을 말해 볼까?

▶ **탐구하기(5분)**

◎ 만드는 방법 찾아내기
- 공작새는 새인데 왜 날지 못할까?
- 날 수 있는 새, 없는 새에 대해 이야기해 볼까?

▶ **놀이하기(20분)**

1. 바나나를 원기둥 모양으로 5cm 정도의 길이로 잘라준다.
2. 꼬치에 파프리카, 햄, 맛살, 파, 새송이버섯을 차례로 끼운다.
3. 미니 단호박을 반으로 잘라 전자레인지에 10분 정도 익힌다.
4. 잘라둔 바나나를 세우고 뒤에 단호박을 엎어서 이쑤시개로 둘을 움직이지 않게 고정시킨다.
5. 단호박이 보이지 않도록 생크림을 수북히 올린다.
6. 꼬치를 예쁘게 단호박에 꽂아서 깃털을 만든다.
7. 바나나 몸통 부분에 초코펜으로 눈과 입을 만들어 완성한다.

▶ **토론하기(5분)**

◎ 원리 발견하기
- 공작새 만들면서 가장 어려웠던 점은 무엇이었을까?

▶ **발전하기(5분)**

◎ 놀이 재료 활용하기
- 다른 새도 만들어 볼 수 있을까?

창의적 아동 요리

40 감성지수를 높이는

4. 과자 목걸이 만들기

▶ **주제**
- 색의 배열 익히기

▶ **활동 목표**
- 우리 주변의 사물에서 규칙과 질서를 발견할 수 있다.
- 손과 눈의 협응력을 기른다.
- 색채 학습 능력을 기른다.

▶ **함께 알아보아요**

□ 목걸이
  목걸이는 동서양을 불문하고 세계 모든 사람에게 있어서 가장 보편적인 장신구의 하나로 예쁘고 아름답게 보이게 하는 미적인 효과 외에도 신앙상의 이유로 하는 것, 목 부분을 보호하기 위한 것, 성별이나 신분을 나타내기 위한 것 등이 있다. 어느 것이나 연결된 구슬모양의 것을 기본으로 하는데 기술이 발전됨에 따라 유리, 도기 등에서 호박, 기타 보석류로 발전되었다.

□ 한과
  한과는 우리의 전통 과자로 음식 중에 가장 손이 많이 가고 정성이 가득 들어가는 음식으로 유과와 약과는 가장 대표적인 음식이다. 유과는 잔칫상이나 제사상에 빠지지 않는 과자이고 약과는 밀가루에다가 기름과 꿀 또는 술을 넣고 반죽해서 튀긴 과자다. 옛날 우리 음식에는 "약"자가 들어가는 음식이 많은데 이는 옛 어른들은 꿀을 약이라고 생각했기 때문이다.

□ 화과자
  화과자의 시작은 궁중의 제사 때 보관이 어려운 과실을 표현하기 위해 곡식(쌀)을 갈아 과실모양으로 만들면서 시작되었다. 화과자는 중국의 당나라 때 한국으로 건너온 당과자가 일본식으로 변하여 지금의 화과자가 되었고, 이후 화과자는 일본의 차 문화와 어우러져 소비와 생산이 더 활성화되었다.

▶ **준비 재료**
- 여러 가지 모양과 색의 과자

▶ **준비 도구**
- 실, 앞이 뭉퉁한 바늘

▶ **참고 자료**
- 도형, 색깔 그림책

〈 활동과정 〉

▶ **흥미 끌기(5분)**
◎ 놀이를 이해하기
- 과자를 좋아하니?
- 왜 좋아하니?
- 과자를 먹을 때 느낌이 어떠니?
- 맛은 어떠니?

▶ **탐구하기(5분)**
◎ 만드는 방법 찾아내기
  1) 빨, 초, 빨, 초 다음에 와야 할 색이 무엇일까?
  2) 동그라미, 네모, 원기둥, 동그라미, 네모, 원기둥, 동그라미 다음에 어떤 모양이 와야 할까?

▶ **놀이하기(20분)**
◎ 신나게 미술 놀이하기
1. 바늘에 실을 끼운다.
2. 준비한 과자를 차례로 끼워준다.
3. 내 머리가 들어갈 정도의 크기를 만든 후 실로 묶어준다.

▶ **토론하기(5분)**
◎ 원리 발견하기

- 내 목에 맞는지 걸어본다.
- 우리집에서 목걸이를 자주 하는 사람은 누구지?
- 실과 바늘이 하는 역할이 무엇일까?

▶ **발전하기(5분)**

◎ 놀이 재료 활용하기
- 팔찌나 손목시계도 만들어 본다.

44 감성지수를 높이는

창의적 아동 요리

5. 통통배 타고 출발

▶ 주제
- 열에 의한 재료의 변화

▶ 활동 목표
- 조리 과정을 통해 달걀의 변화를 알 수 있다.
- 재료를 통해 모형을 알 수 있다.
- 교통수단에 대해 이야기 할 수 있다.

▶ 함께 알아보아요
□ 샐러드

  채소,과일,육류제품을 골고루 섞어 마요네즈나 드레싱으로 간을 맞추어 먹는 서양음식으로 요즘은 우리의 식탁에서도 자주 볼 수 있는 음식 중 하나이다.

□ 달걀

  속껍질 안에는 노른자위 주위에 묽은 흰자위가 있고 그 중간에는 된 흰자위가 있으며 노른자위는 얇은 막으로 둘러싸여 있고 양쪽 끝이 알끈으로 고정되어 있다. 달걀은 단백질, 철분, 칼슘, 비타민 등 각종 영양소가 골고루 들어있는 완전식품이다. 특히 달걀에는 단백질이 많이 들어있는데 우리의 근육을 튼튼하게 해준다.

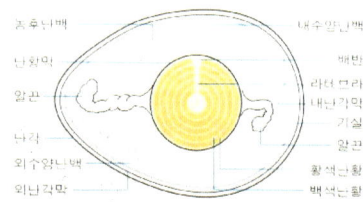

▶ 준비 재료
- 달걀 4개, 상추 잎 1~2장, 비엔나 소시지 2개, 오이 1/2개, 당근 1/2개, 붉은 피망 1개, 허니 머스터드 소스 2큰술

▶ 준비 도구
- 가스레인지, 냄비 1개, 숟가락 2개, 큰 볼 1개

▶ 참고 자료
- 달걀의 구조 사진

〈 활동과정 〉

▶ 흥미 끌기(5분)
- 달걀에 대해 알아보기

우리 몸에 필요한 영양소가 골고루 들어있는 완전 식품임을 알려주고 계란 구조에 대해 이야기해 준다.

▶ 탐구하기(5분)
- 달걀 껍질을 만져보고 느낌을 이야기한다.

달걀을 깨뜨려 날달걀을 만져본다. 달걀을 삶아서 껍질을 까고 삶은 달걀을 만져보고 반으로 잘라 속을 본다. 날달걀에서 삶은달걀로 바뀐 것을 확인하고 껍질을 부셔보고 느낌을 이야기한다. 날달걀은 흔들면 어떠니? 삶은달걀은 흔들었을 때 왜 출렁거리는 느낌이 없을까?

▶ 놀이하기(20분)
1. 달걀은 15분 정도 완숙으로 삶아서 찬물에 헹궈 껍질을 벗긴다.
2. 껍질 벗긴 달걀을 반으로 잘라(가로방향) 노른자를 따로 담는다.
3. 분리한 달걀 노른자에 잘게 자른 비엔나 소시지를 넣고 허니 머스터드 소스를 뿌려 골고루 섞어 달걀 배에 넣을 맛있는 속을 만든다.
   (오이, 당근, 파프리카 등 다른 야채를 섞어도 좋다)
4. 달걀 흰자로 만든 배에 숟가락 2개로 맛있는 속을 듬뿍 담고 오이, 비엔나 소시지, 당근으로 돛을 달고 꾸며주면 멋진 통통배가 된다.

▶ 토론하기(5분)
- 다른 달걀 요리를 먹어본 적이 있니?
- 어떤 요리방법이 있을까?
- 배는 어디서 다니는 교통수단일까?
- 너는 통통배를 타고 어디를 가고싶니?
- 배 종류에 대해 이야기해 볼까?(경기용 보트, 유람선, 고기잡이 배 등)

▶ 발전하기(5분)
- 신선한 달걀 고르는 법을 간단하게 알려주고 실험해서 맞춰보기 게임을 한다.

48 감성지수를 높이는

창의적 아동 요리 49

6. 아름다운 정원을 내 손으로 뚝딱!

▶ **주제**
- 식재료를 통한 생각 표현하기

▶ **활동 목표**
- 표현의 즐거움을 느끼고 의욕을 높인다.
- 재료를 익혔을 때와 익히기 전의 상태를 비교할 수 있다.
- 놀이 활동을 통해 감자를 으깰 수 있다.

▶ **함께 알아보아요**

□ 정원
　우리나라의 전통 정원은 자연을 있는 그대로 담고 있는데 이것이 사람의 손으로 예쁘게 다듬고 꾸미는 서양의 정원과 크게 다른 점이다.
　대표적인 전통 정원으로는 창덕궁의 비원, 호암미술관 앞 희원, 전남 담양의 소쇄원, 전남 완도의 부용동 정원 등을 꼽는다.

□ 감자
　감자는 땅 속에서 자라고 땅 속의 줄기가 굵어진 것이다. 토마토, 가지와 같은 종류이고 그래서 꽃모양도 비슷하다. 감자의 원산지는 남아메리카로 콜럼버스가 아메리카 대륙을 발견한 다음 스페인 사람들이 처음으로 유럽에 감자를 가지고 갔다. 우리나라에는 1824년 중국의 간도 지방으로부터 전해졌고 북쪽에서 온 고구마라는 뜻인 '부방감저'에서 '감자'라는 이름이 붙여졌다. 감자 껍질에는 영양소가 듬뿍 들어있는데 특히 비타민 C가 풍부하고, 삶거나 요리를 해도 영양소가 파괴되지 않는다.

▶ **준비 재료**
- 감자 3개, 브로콜리 1개, 해바라기씨 1/2컵, 호두 1/2컵, 아몬드 1/2컵, 당근 1/2개, 파프리카(빨강, 주황, 노랑색) 각각 1개씩

▶ **준비 도구**
- 넓은 접시, 접시, 큰 볼

▶ **참고 자료**
- 정원 사진, 감자넝쿨 사진

〈 활동과정 〉

▶ **흥미 끌기(5분)**

◎ 놀이를 이해하기
- 우리가 만들어야 하는 정원엔 무엇무엇이 있어야 할까?
- (꽃, 나무, 잔디라고 했을 경우) 어떤 꽃을 제일 좋아하니?
- 나무는 어떤 나무가 정원에 있음 좋을까?(사과나무? 과자나무?)
- 나무는 어떻게 생겼니? 몸으로 표현해 볼 수 있을까?
- 잔디는 밟았을 때 느낌이 어떠니? 어디 가면 많이 볼 수 있을까?

▶ **탐구하기(5분)**

◎ 만드는 방법 찾아내기
- 감자 삶기 전과 삶은 후 만져보고 비교, 느낌 이야기하기
- 감자는 잎일까? 뿌리일까?
- 같은 뿌리식물에는 어떤 것이 있을까?

▶ **놀이하기(20분)**

◎ 신나게 미술 놀이하기
1. 감자를 30분 정도 삶는다.
2. 삶은 감자를 으깬다(뜨거울 때 으깨야 잘 으깨진다.).
3. 브로콜리를 살짝 데친다(끓는 물에 3초 정도).
4. 당근은 모양틀로 꽃모양을 찍어둔다.
5. 접시에 으깬 감자를 골고루 편다.
6. 으깬 감자를 도화지라 생각하고 데친 브로콜리를 아랫부분에 일자로 놓는다.
7. 브로콜리 사이사이에 파프리카를 두께 1cm로 길게 잘라 꽃대를 만든다.
8. 그 위에 커터로 찍어둔 당근꽃을 붙인다(파프리카도 동그랗게 잘라 꽃으로 이용해도 좋다.).
9. 오른쪽 제일 윗쪽에 호두를 놓고 해바라기씨를 둘러가며 놓아 해를 만든다.
10. 아몬드를 놓고 해바라기씨 양쪽에 2개씩 붙여 새를 만든다.

▶ **토론하기(5분)**

◎ 원리 발견하기

- 분류하기 : 견과류, 채소류
- 비슷한 것끼리 나눠볼까? 왜 그렇게 생각했니?

▶ **발전하기(5분)**

◎ 놀이 재료 활용하기
- 다른 주제를 설정해서 그림을 만들어 본다.

창의적 아동 요리

 54 **감성지수를 높이는**

창의적 아동 요리   55

7. 예쁜 떡 만들어요

▶ 주제
- 색깔과 조합 능력 키우기

▶ 활동 목표
- 꽃의 이름을 알 수 있다.
- 독특한 자기만의 모양을 만들어 흥미를 유발한다.

▶ 함께 알아 보아요
□ 화전

　찹쌀가루를 익반죽하여 밤톨 크기로 떼어 기름에 두르고 조그맣게 부쳐 꽃으로 장식한 전을 우리 전통 떡 화전이라고 한다. 봄에는 진달래꽃, 여름에는 장미, 가을에는 국화 등 계절에 피는 꽃으로 전을 부치고 꽃이 흔하지 않을 때는 쑥이나 대추 호두 등을 얹어 만들고 철마다 계절을 느낄 수 있는 우리의 전통음식이다.

□ 쌀

　쌀은 보리, 밀과 함께 세계적으로 중요한 농산물이며 총생산의 90% 이상이 아시아에서 생산되며 또 그 대부분을 아시아 사람들이 먹는다. 쌀은 벼의 왕겨와 쌀겨를 벗겨 먹을 수 있도록 만든 것인데 이때 왕겨만 벗겨내고 쌀겨를 벗겨내지 않은 쌀을 '현미'라고 한다. 현미는 색이 약간 누렇고 씹으면 거칠어서 어린 아이들이 먹기에는 좀 힘이 들지만 현미 껍데기의 쌀겨에는 비타민, 식이섬유 등 많은 영양소가 들어 있다. 현미에서 쌀겨를 벗겨내면 우리가 많이 먹는 하얀 쌀이 나오는데 이것을 '백미'라고 하며 백미는 현미보다 씹으면 부드럽고 소화가 잘 되지만 영양소는 현미가 훨씬 더 많다.

▶ 준비 재료
- 찹쌀가루 4컵, 뜨거운 물 7~8 큰술, 소금 1/3 작은술: 식용꽃(계절꽃), 호두 5개, 곶감 2개, 대추 8개, 식용유, 꿀

▶ 준비 도구
- 큰 볼 1개, 가스레인지, 접시 1개

▶ **참고 자료**
- 관련서적(쌀의 기원, 화전)

〈 활동과정 〉

▶ **흥미 끌기(5분)**
◎ 놀이를 이해하기
- 좋아하는 꽃 이름을 이야기해 볼까?
- 4계절마다 주로 피는 꽃을 이야기해 본다.

▶ **탐구하기(5분)**
◎ 만드는 방법 찾아내기
- 자료(실제)를 보고 꽃의 구조를 이해한다.
- 꽃이 지면 열매가 맺히는 과정을 이야기해 본다.

▶ **놀이하기(20분)**
◎ 신나게 미술 놀이하기
1. 찹쌀가루에 소금과 따뜻한 물을 섞어 반죽한다.
   (따뜻한 물로 반죽해야 말랑말랑한 반죽이 된다)
2. 찹쌀 반죽을 조금씩 떼어 납작하게 펴서 둥글게 만든다.
3. 대추, 호두, 곶감을 작은 모양으로 썰어서 준비한다.
4. 프라이팬에 기름을 조금 두르고 잘라 좋은 재료와 꽃을 이용해 예쁜 화전을 만든다.

▶ **토론하기(5분)**
◎ 원리 발견하기
- 화전을 프라이팬에 익힐 때 불 세기에 따른 변화를 이야기한다.

▶ **발전하기(5분)**
◎ 놀이 재료 활용하기
- 반죽을 누가 멀리 던지나 시합한다.

창의적 아동 요리

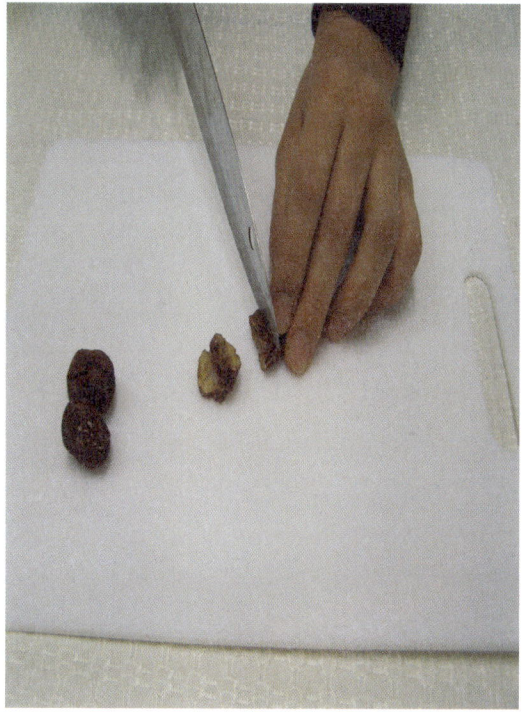

58 감성지수를 높이는

8. 알록달록 애벌레

▶ 주제
- 색깔 인지와 분배 능력 키우기

▶ 활동 목표
- 소근육 발달을 기를 수 있다.
- 경단을 나눌 수 있는 분배 능력을 기를 수 있다.
- 동물 구조의 특징을 이해한다.

▶ 함께 알아보아요

□ 경단

경단은 찹쌀가루나 차수수 가루를 뜨거운 물에 익반죽하여 밤톨만한 크기로 둥글게 빚은 다음 삶아서 고물을 묻히는데 고물의 종류에 따라 이름이 달라진다. 경단은 콩가루 경단. 감자경단. 계피경단. 깨경단. 밤경단. 쑥경단. 팥경단. 삼색경단 등이 있으며 주로 아기의 백일이나 돌날에 만들어 여러 이웃과 나누어 먹던 떡이다.

□ 고구마

고구마의 원산지는 지금의 멕시코 지방으로 우리나라에 들어온 것은 1763년 일본 쓰시마섬에서 씨고구마를 얻어와 부산과 제주도에 처음 심으면서 부터다. 감자보다 약 60년 먼저 우리나라에 들어왔고 처음에는 남부 지방에서만 재배했지만 1900년 이후에는 전국적으로 재배하기 시작했다.

고구마는 물과 영양분을 흡수하는 뿌리와 고구마가 되는 뿌리가 함께 나오고 땅 위를 기어가듯 줄기가 자라며 잎이 많아지며 뿌리가 점점 굵어져서 고구마가 된다. 고구마의 주된 영양소는 탄수화물이라 밥 대신 먹어도 든든할 뿐만 아니라 탄수화물 외에도 비타민과 섬유질이 많아 소화가 잘되게 도와준다.

▶ 준비 재료
- 고구마, 딸기, 시금치, 단호박, 코코넛가루, 초코볼, 초코펜

▶ 준비 도구
- 넓은 쟁반, 큰 볼, 주걱, 접시, 넓은 쟁반

▶ **참고 자료**
- 전통음식백과, 식물도감

〈 활동과정 〉

▶ **흥미 끌기(5분)**
◎ 놀이를 이해하기
- 애벌레를 본 적이 있니?
- 애벌레는 어디에 사니?

▶ **탐구하기(5분)**
◎ 만드는 방법 찾아내기
- 애벌레의 실제 사진을 보고 구조를 관찰하고 이야기해 본다.

▶ **놀이하기(20분)**
◎ 신나게 미술 놀이하기
1. 고구마를 삶는다.
2. 껍질을 벗기고 볼에 넣어 으깬다.
3. 으깬 고구마를 뭉쳐서 밀대모양으로 밀어서 만든다.
4. 탁구공만한 크기로 자르고 동글동글 뭉친다.
5. 준비된 가루에 굴려서 색깔을 입힌다.
6. 접시 위에 4개를 차례로 붙여 놓는다.
7. 제일 앞에 있는 경단에 눈, 입을 만든다.

▶ **토론하기(5분)**
◎ 원리 발견하기
- 애벌레가 어른이 되면 무엇이 될까?
- 알에서 나비가 되기까지 간단하게 이야기해 준다.
- 내가 만든 애벌레의 이름을 붙여주고 설명해 본다.
  (매미, 나비, 곤충 관련)

▶ **발전하기(5분)**
◎ 놀이 재료 활용하기
- 빨간색, 초록색, 노란색 가루를 묻혀 신호등을 만들어 본다.

창의적 아동 요리

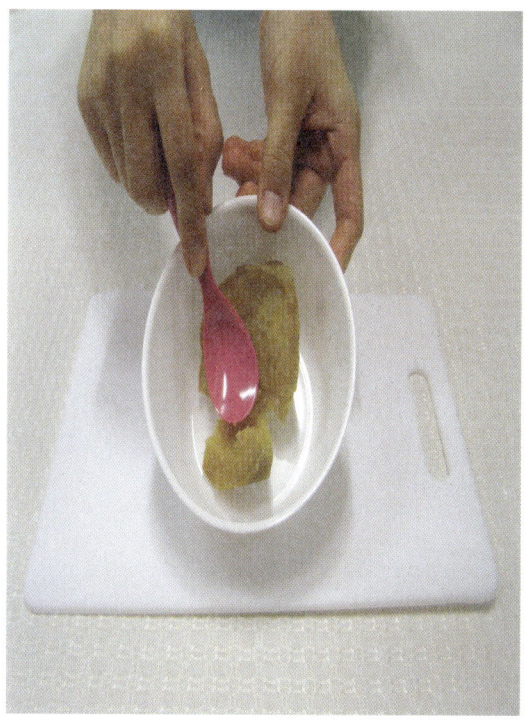 

62 감성지수를 높이는

9. 축하해요~사랑해요

▶ 주제
- 창의성, 공간활용 능력 키우기

▶ 활동 목표
- 가족 간의 친밀감을 느낄 수 있다.
- 빈 공간을 채워가는 능력을 기를 수 있다.
- 케이크를 데코하면서 창의적 사고와 활동을 할 수 있다.

▶ 함께 알아보아요

□ 케이크의 유래

케이크는 중세시대 독일 농민들 사이에서 '킨테 페스테'라고 하는 어린이를 위한 생일 축하 행사에서 기원이 되었다. '킨테 페스테'는 생일을 맞은 아침에 눈을 뜨면 촛불로 장식된 케이크를 아이 앞에 놓으면서 시작되었는데 이 촛불은 저녁 식사 때 온 가족이 케이크를 먹을 때까지 계속 켜 놓았다고 한다.

생일을 맞은 아이들이 선물과 음식을 나눠 먹고 소원을 빌며 촛불을 끄는 오늘날의 관습도 바로 독일의 '킨테 페스테'에서 유래된 것으로 "촛불은 단숨에 끄고 소원은 꼭 비밀로 할 것" 등이 오늘날까지 내려오고 있다.

□ 생일 때 왜 촛불을 켜고 불어서 끌까?

축하노래를 부르고 소원을 빌고 촛불을 끄는 건 내가 촛불을 혼자 끌 수 있을 만큼 자랐다는 걸 가족이나 친구들에게 보여 주는 것이다.

▶ 준비 재료
- 식빵 8장, 딸기잼 5~6 큰술, 생크림 한 컵, 색깔 있는 시리얼 1컵
  장식용 과일: 딸기, 키위, 바나나 각각 1개씩

▶ 준비 도구
- 칼, 도마, 숟가락, 볼, 빵칼, 모양틀, 짤주머니, 쟁반, 접시

▶ 참고 자료
- 생일관련 동화책, 케이크 사진

〈 활동과정 〉

▶ 흥미 끌기(5분)
◎ 놀이를 이해하기
- 케이크 먹어봤니?
- 언제 먹어봤니?
- 하얀 생크림 맛은 어떠니?
- 달콤한 맛이 나는 것은 또 뭐가 있을까?

▶ 탐구하기(5분)
◎ 놀이방법 찾아내기
- 생크림 만드는 과정 보여 주기.
- 설탕+휘핑크림을 핸드믹서기로 한 방향으로 저어보기.

▶ 놀이하기(20분)
◎ 신나게 미술 놀이하기
1. 식빵을 원하는 모양틀로 찍어본다(그릇으로 찍어 모양을 내거나 가위로 오려도 된다.).
2. 모양 식빵 한 면에는 딸기잼, 다른 한면에는 생크림을 바르고 포갠다.
3. 포개어 놓은 식빵에 생크림으로 전체를 발라 장식한다.
4. 짤주머니에 생크림을 넣고 케이크를 둘러가며 동그랗게 짜준다.
5. 키위, 바나나, 딸기는 장식용으로 잘라둔다.
6. 케이크 중앙에 딸기 2개로 원을 만들고 그 주변에 키위, 바나나 순으로 원을 만든다.
7. 케이크 옆면은 색깔 시리얼을 붙여 장식한다.

▶ 토론하기(5분)
◎ 원리 발견하기
- 누구에게 선물하면 가장 기뻐할까?
- 짤주머니로 생크림을 짤 때 원하는 모양이 잘 만들어지니?

▶ 발전하기(5분)
◎ 놀이 재료 활용하기
- 색깔나는 가루를 생크림에 섞어 색을 만들어 짤주머니에 넣어 여러 모양으로 짜서 그림을 그린다. 생크림을 손에 발라 음악에 맞춰 유리창에 그림을 그린다.

창의적 아동 요리

66 감성지수를 높이는

창의적 아동 요리   67

10. 씩씩한 어린이

▶ **주제**
- 편식

▶ **활동 목표**
- 경험을 요리로 표현하게 할 수 있다.
- 채소에 대한 거부반응을 고칠 수 있다.
- 일본의 초밥을 설명할 수 있다.

▶ **함께 알아보아요**

□ 초밥

초밥은 일본 음식으로 초와 소금을 친 흰 밥 위에 고추냉이와 생선 쪽을 얹어 만든다. 원래의 스시는 물고기를 소금간을 하여 조밥이나 메밥에 버무려 삭힌 후에 먹는 생선 식혜와 같은 조리법으로 만들어지는 일본의 대표 음식이다. 이 조리법은 지금까지 한국과 일본에 전수되고 있으며 일본에서는 하야[早:빠르다는 의미의 일본말]의 '하야즈시'라 이름을 붙여 즉석 음식으로서 세 가지 요리법으로 간소화 분리되었다.

- 노리마끼: 식초로 새콤하게 쌀밥과 조미해 김으로 싼 것
- 니기리즈시: 밥을 꼭꼭 뭉쳐 위에 생선조각 등을 얹는것
- 이나리즈시: 튀긴 두부 유부를 간장조미하여 밥을 뭉쳐 넣은 것

이 세 가지는 근세에 만들어진 스시로 일반화되어 가고 있으며, 이 요리법은 일본인에게 배워 한국에서 만들어지고 있는 초밥이며, 그 이름도 한국인이 붙인 것이다.

□ 유부

유부는 물기를 제거한 두부를 잘라 기름에 110~120℃ 정도의 온도에서 살짝 튀긴 다음 180~200℃의 온도에서 다시 튀겨 팽화시켜 만든 것이다. 서로 다른 온도에서 두 번 튀겨내면 처음 튀길 때 생긴 막으로 인해 두부 안에 수증기가 빠져나가지 못해

부풀어 올라 독특한 질감과 맛을 느낄 수가 있다.

유부는 기름에 튀겨 만들기 때문에 두부로 만든 식품이지만 칼로리가 높아 다이어트 식품으로는 적당하지 않기 때문에 살짝 데쳐 요리를 하게 되면 기름기가 제거되어 칼로리를 줄일 수 있다. 우리는 국이나 우동에 보통 유부를 넣어 먹거나 유부 속에 밥을 넣어 초밥을 만들어 먹는다.

▶ 준비 재료
- 조린유부 5장, 당근 1/4개, 파프리카 1/4개, 피망 1/3개, 김 1장, 소시지 5개, 검은깨 10g

▶ 준비 도구
- 가스레인지, 냄비, 볼, 접시

▶ 참고 자료
- 초밥 사진

〈 활동과정 〉

▶ 흥미 끌기(5분)
◎ 놀이를 이해하기
- 친구들과 함께 어울릴 수 있는 놀이를 알아보자.
- 성장할 때 필요한 영양 성분을 이야기해 보자.
    - 튼튼해지려면 어떤 음식을 먹으면 좋을까?
    - 편식은 좋을까? 나쁠까?

▶ 탐구하기(5분)
◎ 놀이법을 찾아내기
- 유부 초밥에 대해서 알아보자.
    - 초밥은 어느 나라 음식일까?
    - 유부는 무엇일까?

- 채소와 같이 먹으면 어떨까?
• 채소의 영양성분을 이야기해 준다.

▶ **놀이하기(20분)**

◎ 신나게 자르고 붙이기
1. 소시지는 10초 정도 물에 데쳐 준다.
2. 당근, 파프리카, 피망을 깨끗이 씻어 채썬다.
3. 시금치는 다듬에 끓는 물에 살짝 데쳐 준다.
4. 조린 유부는 물기를 짠다.
5. 유부를 네모난 모양으로 반으로 자른다.
6. 고슬고슬 밥에 참기름과 깨소금을 넣고 버무린다.
7. 유부를 벌려 밥을 채워 준다.
8. 유부 한쪽에 메추리알을 올리고 검은깨, 시금치로 얼굴을 만든다.
9. 김으로 옷을 입혀준다.
10. 채로 썰어 논 채소로 팔과 다리를 만들어 준다.
11. 뛰어 장난치며 놀고 있는 친구를 만들어 준다.

▶ **토론하기(5분)**

◎ 원리 발견하기
• 소시지는 어떻게 만들까?
• 물에 데치니까 어떻니?
• 유부를 조리니까 어떻게 변했어?
• 어떤 놀이를 표현해 볼까?

▶ **발전하기(5분)**

◎ 놀이 재료 활용하기
• 유부의 한쪽만 벌려 복주머니를 만들어 복을 나눠줘 보자.

70 감성지수를 높이는

창의적 아동 요리

감성지수를 높이는

11. 안전하게 지내요

▶ 주제
- 교통질서

▶ 활동 목표
- 질서에 대한 이해를 쉽게 할 수 있다.
- 안전하게 도로를 다니도록 유도할 수 있다.
- 신호등의 색의 의미를 설명할 수 있다.

▶ 함께 알아 보아요

☐ 찹쌀

　찹쌀은 나미 또는 점미라고 불린다. 보통 밥을 짓는 멥쌀의 경우 반투명한 배젖이며 찹쌀의 경우 불투명한 유백색의 배젖을 가지고 있어 눈으로 구별할 수 있다. 찹쌀은 멥쌀보다 차지며, 소화가 잘되며 찹쌀은 대부분이 아밀로펙틴이라는 녹말로 구성되어 있다.

☐ 경단

　경단은 찹쌀가루나 차수수가루를 뜨거운 물로 익반죽하여 엄지만한 크기로 동그랗게 빚어 삶아 고물을 묻히는 떡이다. 차수수로 빚어 삶아내는 차수수경단은 속칭 수수팥떡이라고 불리며 붉은색의 기운으로 액을 방지함을 뜻하며 아기의 백일이나 돌날에 만들어 여러 이웃에게 나눠주었던 떡이다.
　경단은 고물의 종류에 따라 불린다.

☐ 신호등

　신호등은 빨강, 초록, 오렌지 3가지 색으로 표시하고 있으며 각각의 색에 따라 지시하는 내용이 다르다. 빨강은 정지를 나타내며, 초록은 진행, 오렌지 색은 주의의 의미로 쓰이고 있다.

▶ 준비 재료
- 찹쌀가루 1 1/2컵, 멥쌀가루 1 1/2컵, 비트즙, 당근, 녹차가루, 꼬치

▶ 준비 도구
- 가스레인지, 냄비, 채, 계량컵, 계량스푼

▶ 참고 자료
- 신호등 사진

〈 활동과정 〉

▶ 흥미 끌기(5분)
◎ 놀이를 이해하기
- 교통질서에 대해서 알아본다.
- 차가 많이 다니는 차도에서의 규칙을 알아본다.
    - 차가 많은 큰 길을 건널 때 우린 어떻게 해야 하니?
- 도로를 건널 수 있는 방법에 대해서 알아본다.

▶ 탐구하기(5분)
◎ 놀이 법을 찾아내기
- 신호등과 우리는 어떤 규칙을 약속했는지 알아보자.
    - 신호등은 무엇이니?
    - 어떤 색깔이 있지?
    - 어디에 있니?
- 신호등의 소중함을 알아가며 이야기를 한다.

▶ 놀이하기(20분)
◎ 신나게 자르고 붙이기
1. 찹쌀가루1 1/2컵, 멥쌀가루1 1/2를 섞어 채에 내려 1컵씩 3등분한다.

2. 가루 한 컵에 비트를 갈아서 넣고 물 1작은술을 넣어 반죽한다.
3. 가루 한 컵에 당근즙을 1큰술을 넣어 반죽한다.
4. 가루 한 컵에 가루녹차를 1큰술을 넣어 반죽한다.
5. 각각 반죽을 지름 2cm 정도로 동그랗게 빚어 준다.
6. 냄비에 물을 끓인다.
7. 물이 보글보글 끓으면 경단을 넣어준다.
8. 물 위에 경단이 떠오르면 건져 찬물에 담궈 식힌다.
9. 채에 받쳐 물기를 빼준다.
10. 색깔 하나씩 꼬치에 끼워 신호등을 만든다.

▶ **토론하기(5분)**

◎ 원리 발견하기
- 신호등은 우리에게 어떤 어떤 도움을 주니?
- 색이 왜 다를까?
- 신호등이 없다면 우린 어떻게 해야 할까?
- 차가 많은 도로를 건널 땐 우린 어떻게 해야 하지?

▶ **발전하기(5분)**

◎ 놀이 재료 활용하기
- 쌀가루에 색재료를 넣지 않고 흰 상태의 반죽으로만 만들어 경단을 빚어 익힌 후 각각의 고물을 묻혀 색을 표현하여 구별해보자.

창의적 아동 요리 75

감성지수를 높이는

12. 들로 산으로

▶ 주제
- 소풍

▶ 활동목표
- 자신의 경험을 회상하며 발표할 수 있다.
- 소풍의 목적 및 의도를 설명할 수 있다.
- 봄의 채소를 설명할 수 있다.

▶ 함께 알아 보아요

☐ 소풍

소풍은 학교나 기관에서 운동이나 자연관찰, 역사유적 들의 견학 등을 목적으로 학생들이 단체적으로 교외나 야외로 갔다 오는 것을 뜻한다.
초·중·고의 경우 한 학기에 1회로 연 2회의 소풍을 진행하고 있으며 봄·가을로 가는 경우가 많다.

☐ 새싹 채소

새싹 채소 또는 싹 채소라 하며 채소류나 곡물류의 씨를 심어 얻어지는 어린 잎이나 줄기를 수확하여 신선한 상태로 섭취하는 것을 일컫는다. 보통 씨의 싹이 나와 잎이 2~3개 자란 어린 채소라고 보면 된다. 채소가 싹이 트는 시기에는 성장을 위한 영양소 등이 풍부하기 때문에 비타민, 미네랄 함량이 다 자란 채소의 3~4배가 넘는다고 하니 성장기 어린이들에게 특히나 더 좋다.
싹 채소의 종류는 매우 다양하며, 가장 흔히 먹는 것이 콩나물과 숙주나물(녹두)이다. 메밀, 무, 쑥갓, 유채, 브로콜리, 양배추 등이 재배 가능한 채소이며 재배 시엔 흙이 필요 없기 때문에 깨끗한 물만 공급해 주면 집에서도 쉽게 기를 수 있다.
익히지 않고 날것으로 섭취를 하기 때문에 향기도 좋고 씹을수록 고소하며 그 특유의 맛이 있기 때문에 비빔밥, 샌드위치, 샐러드 등 다향한 조리법에 이용된다.

▶ 준비 재료

- 식빵 2장, 새싹 채소 50g, 삶은 달걀 1개, 피클 4조각, 슬라이스햄 1장, 파프리카 1/4개, 마요네즈 2T, 레몬즙 1T, 식용유 1T

▶ 준비 도구
- 가스레인지, 프라이팬, 도마, 칼, 계량스푼, 볼, 그릇

▶ 참고 자료
- 봄을 뜻하는 사진, 봄나물

〈 활동과정 〉

▶ 흥미 끌기(5분)
◎ 놀이를 이해하기
- 우리나라의 유명한 여행지를 알아본다.
- 소풍에 대해서 이야기해 본다.
    - 소풍을 가면 기분이 어떻니?
- 소풍의 의미를 알아본다.

▶ 탐구하기(5분)
◎ 놀이 법을 찾아내기
- 여행을 하며 먹었던 음식을 한번 이야기해 보자.
    - 여행을 어디로 가 보았니?
    - 여행을 할 때 식사는 어떻게 했어?
    - 도시락을 먹어 본 적 있니?
- 먹어봤던 도시락에 대해서 설명해 본다.

▶ 놀이하기(20분)
◎ 신나게 자르고 붙이기
1. 식빵은 프라이팬에 노릇노릇한 색이 나도록 앞뒤로 구워 준다.
2. 팬에 식용유를 둘러 달걀 프라이를 한다.
3. 파프리카는 물에 씻어 준다.
4. 파프리카는 길죽길죽 하게 채를 썰어 준비한다.

5. 새싹 채소는 흐르는 물에 살짝만 씻어 준다.
6. 그릇에 마요네즈와 레몬즙을 섞어 소스를 만들어 준다.
7. 노릇노릇 구운 2장의 식빵 한쪽 면만 6의 소스를 발라 준다.
8. 한 장의 식빵 위에 양상추, 달걀, 피클, 슬라이스햄, 새싹 채소를 차곡차곡 쌓아 준다.
9. 양상추를 마지막으로 올린 후 남은 식빵 한 장을 올려 준다.
10. 식빵을 먹기 편하도록 대각선으로 잘라 준다.

▶ **토론하기(5분)**

◎ 원리 발견하기
- 식빵이 노릇노릇 하면 느낌이 어떨까?
- 달걀의 노른자를 떠트리지 않으려면 어떻게 해야지?
- 새싹 채소는 어떤 영양소가 많을까?
- 하나씩 쌓아 자르면 모양이 어떨까?

▶ **발전하기(5분)**

◎ 놀이 재료 활용하기
- 층층히 쌓은 샌드위치를 잘라 단면을 관찰하며 지층을 배운다.

창의적 아동 요리   79

80 감성지수를 높이는

13. 즐거운 우리 집

▶ **주제**
- 가족

▶ **활동 목표**
- 가족의 의미를 알 수 있다.
- 식재료의 모양을 살려 표현할 수 있다.
- 재료의 특징을 설명할 수 있다.

▶ **함께 알아 보아요**

□ 가족

　가족은 결혼이나 혈연을 의미하며 단일가구를 형성하는 집단, 가계를 공동으로 하는 친족집단을 뜻한다.
　유교에서 가족의미는 이를 인륜(人倫)이라 하여 예(禮)를 기초로 하여 윤리 사상을 발전시켰다. 유교의 윤리 사상은 수기 안인(修己安人), 성경(誠敬), 오륜(五倫), 충효(忠孝), 신의(信義)를 강조하며 이는 유교적 인간이 추구해야 할 가치 규범들이다. 항상 예를 바탕으로 윤리 덕목을 추구해야 한다고 강조하고 있다.

□ 파프리카 VS 피망 차이점

　파프리카는 채소류 중 열매를 먹는 과채류에 속하며 피망은 식물과에 속한다. 피망보다 2.5배가 무거우며 과육이 더욱 두껍고 피망과 비슷한 모양이지만 색깔이 훨씬 곱고 선명하다. 단맛이 강하고 매운 맛이 적으며 생것으로 먹어도 되며 여러 가지 요리에 사용할 수 있다. 피망의 색상은 녹색, 빨강 두가지 뿐이지만 파프리카의 경우 녹색, 빨강, 노랑, 주황, 가지색 등 다양한 색상으로 나뉘어지며 연구되어지고 있다.
　파프리카(paprik)는 혹은 단 고추(sweet pepper), 종 고추(bell pepper)라고도 불리우는 얼핏 피망과 비슷한 모양의 유럽산 고추로서 피망보다 크기가 크고(180~260g 1개) 과육이 두터우며(6~10mm), 독특하고 싱그러운 향과 단맛(당도 7~11)이 특징이다.

▶ **준비 재료**
- 만두피, 파프리카 1개, 치즈 100g, 햄 30g, 올리브 2개, 송이버섯 1개, 크림치즈 1T, 파슬리 약간

▶ **준비 도구**
- 가스레인지, 프라이팬, 그릇, 스푼, 도마, 칼

▶ **참고 자료**
- 파프리카 사진, 피망 사진

〈 활동과정 〉

▶ **흥미 끌기(5분)**
◎ 놀이를 이해하기
- 가족이 무엇인지 알아보자.
- 가족의 관계에 대해서 이야기해 본다.
  - 몇 명의 가족과 함께 살고 있니?
- 촌수에 대해서 이야기해 보자.

▶ **탐구하기(5분)**
◎ 놀이 법을 찾아내기
- 피자에 대해서 알아보자.
  - 피자는 어느 나라 음식이니?
  - 어디서 먹어 봤어?
  - 어떻게 생겼니?
- 우리 가족에 대해서 생각해 보자.

▶ **놀이하기(20분)**
◎ 신나게 자르고 굽기

1. 파프리카를 씻어 모양을 살려 세로로 자른다.
2. 햄을 잘게 채 썬다.
3. 양송이를 모양을 살려 자른다.
4. 만두피에 크림치즈를 바른다.
5. 치즈를 위에 뿌려 올린다.
6. 파프리카를 위에 3조각 올린다.
7. 올리브를 잘라 눈을 만들어 준다.
8. 햄으로 머리를 만든다.
9. 파프리카로 입술을 만든다.
10. 하나의 가족 사진을 만들어 준다.

▶ 토론하기(5분)

◎ 원리 발견하기
- 파프리카 속에 무엇이 있을까?
- 양송이는 무엇과 닮았니?
- 파프리카를 올리니까 무엇처럼 보여?
- 어떤 재료로 표현하면 좋을까?

▶ 발전하기(5분)

◎ 놀이 재료 활용하기
- 또띠아에 재료를 넣고 말아서 세운 다음 케첩과 머스터드 소스로 눈과 입을 만들어 준다.

84 감성지수를 높이는

창의적 아동 요리

85

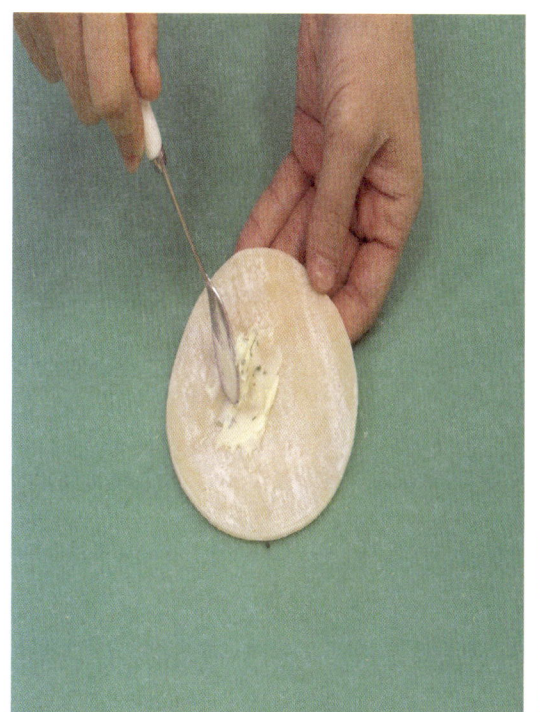

감성지수를 높이는

14. 날아라 하늘로

▶ 주제
- 로켓

▶ 활동 목표
- 작품표현으로 창의력을 높일 수 있다.
- 로켓의 생김새를 관찰할 수 있다.
- 초콜릿의 성질을 설명할 수 있다.

▶ 함께 알아 보아요

□ 로켓

　로켓은 추진기관을 가진 비행체로 우주 공간을 비행할 수 있다.
　우주개발을 목적으로한 기본적인 도구이며 연료와 산화제를 가지고 있어 고온·고압의 연료가스를 발생한다. 그 반동력으로 인해 전진하며 비행된다.

□ 바게트

　바게트는 프랑스인이 즐겨 먹는 막대 모양의 빵으로 프랑스에서의 원료 배합률은 밀가루 100%, 물 58~60%, 소금 1.8%, 이스트 1.0%로 만들어진다. 밀가루를 22℃에서 반죽하여 3.5시간 발효시킨 다음, 30분쯤 실온에 놓아두었다가 400g 크기로 떼어 이것을 긴 막대 모양으로 성형하여 불에 쬐어 말린 후에 칼금을 넣고 250~280℃의 저압증기 오븐에서 15~18분간 직접 구워 준다. 빵 속에 증기를 포류(抱留)한 많은 구멍들이 숭숭 뚫리고 거죽이 갈변해 노릇노릇 바삭바삭하여 맛이 좋으며 8시간 정도의 신선도를 유지한다.

□ 초콜릿

　초콜릿은 버터, 설탕, 우유, 향료 등을 카카오 반죽에 첨하여 굳힌 과자이다. 카카오는 멕시코 원주민들이 약용으로 귀히 여기던 것으로 화폐로도 유통되었다. 유럽에 C.콜럼버스가 15세기 말에 가지고 들어가 전해지게 되면서 2시초가 되었다. 이후 16세기 중반 H.코르테스가 멕시코를 탐험 중 음용으로 에스파냐의 귀족이나 부유층에 소개하여 17세기 중반 무렵 유럽 전 지역에 알려지게 되었다. 1828년에 네덜란드인 반호텐이 지방분의 압착이나 설탕 혼합 및 고형화에 성공하여 현재와 같은 초콜릿의 원형을 만들어냄으로써 맛좋은 과자로서 등장하게 되었다.

▶ 준비 재료
- 바게트 1/2개, 초콜릿 100g, 우유 1/2컵, 빨간 파프리카 1/4개

▶ 준비 도구
- 가스레인지, 냄비, 도마, 칼, 계량컵

▶ 참고 자료
- 세계의 로켓 사진

〈 활동과정 〉

▶ 흥미 끌기(5분)
◎ 놀이를 이해하기
- 하늘을 날 수 있는 것들을 알아보자.
- 날아 다니는 것의 공통점을 찾아보자.
    - 날 수 있으려면 무엇이 있어야 할까?
- 날 수 있는 원리를 이야기해 본다.

▶ 탐구하기(5분)
◎ 놀이 법을 찾아내기
- 비행기에 대해서 알아보자.
    - 비행기는 어떻게 날까?
    - 얼마나 높이 날까?

- 날개가 없다면 날 수 있을까?
• 비행기의 모양을 관찰해 보자.

▶ **놀이하기(20분)**
◎ 신나게 자르고 붙이기
1. 바게트를 도마 위에 놓고 반을 잘라 준다.
2. 나머지 반을 반으로 나눠 자른다.
3. 냄비에 우유와 초콜릿을 넣고 보글보글 끓여 준다.
4. 초콜릿과 우유가 걸죽하게 녹을 때까지 끓여 준다.
5. 4번이 다 되면 반으로 자른 바게트의 뾰족한 부분을 초콜릿에 담궈 초콜릿을 끝에 살짝 묻혀 준다.
6. 접시 위에 바게트를 올려 놓는다.
7. 반으로 나눠 자른 바게트의 한쪽에도 초콜릿을 묻혀 준다.
8. 로켓의 날개를 만들어 준다.
9. 파프리카를 뾰족뾰족 직삼각형으로 3개로 자른다.
10. 로켓의 불꽃을 만들어 준다.

▶ **토론하기(5분)**
◎ 원리 발견하기
• 바게트는 무엇으로 만들지?
• 초콜릿을 녹이면 어떻게 될까?
• 로켓은 어디서 만들까?
• 로켓은 누가 운전할까?

▶ **발전하기(5분)**
◎ 놀이 재료 활용하기
• 바게트를 반으로 나눠 속을 파내고 감자 샐러드를 넣어 덮고 5개로 나눠 기차를 만들어 보자.

창의적 아동 요리

90 　감성지수를 높이는

15. 무당벌레 도시락

▶ **주제**
- 야! 신나는 여름방학이다. - 무당벌레 도시락

▶ **활동 목표**
- 곤충채집을 할 수 있다.
- 방학 동안 잡고 싶은 곤충을 표현할 수 있다.

▶ **함께 알아보아요**
☐ 곤충채집

　자연 상태에서 곤충을 잡아 표본을 만들어 곤충을 연구하는 일로 곤충에 따라 채집방법이 다르다. 예를 들어, 나비나 잠자리는 포충망을 이용해 잡고, 무당벌레 같은 풍뎅이류는 채집병에 넣어 잡는다. 이렇게 채집된 곤충을 건조표본과 액침표본을 하여 보존한다. 최근 멸종위기에 있는 고추잠자리의 채집은 금지된 상태이고, 그 외 다른 곤충들 또한 채집이 금지된 것이 있는지 잘 알아보아 자연보호에 힘을 기울여야 한다.

▶ **준비 재료**
- 밥 1인분, 줄줄이햄 5개, 치즈, 브로컬리, 김 1장, 백련초 가루, 양상추, 머스터드 소스, 참기름, 깨

▶ **준비 도구**
- 도마, 칼

▶ **참고 자료**
- 각종 곤충의 사진

〈 활동과정 〉

▶ **흥미 끌기(5분)**

◎ 놀이를 이해하기
- 여름 방학에 무엇을 할 계획인지 이야기한다.
- 계획을 실천하려면 어떻게 해야 하는지 이야기한다.
  - 누구의 계획이 제일 멋질까?

▶ **탐구하기(5분)**

◎ 놀이 법을 찾아내기
- 방학 숙제로 하고 싶은 것.
  - 선생님이 어떤 숙제를 내주면 재미있는 숙제가 될까?
- 곤충채집을 하면 무엇을 잡고 싶니?
  - 우리 잡고 싶은 곤충 모양대로 도시락을 싸볼까?

▶ **놀이하기(20분)**

◎ 신나게 만들기(요리하기)
1. 양상추는 깨끗이 다듬고 씻어 물기를 털어낸 후 도시락 바닥에 깔아준다.
2. 3/4의 밥을 뭉쳐 곤충의 모양을 잡아 양상추 위에 놓는다.
   (이때 밥에 약간의 소금을 뿌려 간을 맞추어 주어도 좋다.)
3. 나머지 밥에 백련초 가루를 섞어 무당벌레의 등껍질을 만든다.
4. 김을 동그랗게 잘라 검은 점들을 표현해 준다.
5. 나머지 김과 야채, 햄 등을 이용해서 장식하여 준다.
6. 다 되면 주변에 머스터드 소스로 장식하여 마무리 한다.

▶ **토론하기(5분)**

◎ 원리 발견하기
- 내가 만든 곤충의 생김이 어떤지 이야기한다.
- 누가 제일 비슷하게 만들었을까?
- 누가 제일 독특한 곤충을 만들었을까?

▶ **발전하기(5분)**

◎ 조리 방법 바꾸어 보기
- 각자 만들고 싶은 곤충대로 만들어 본다.
- 쿠킹 다이어리를 작성한다.

창의적 아동 요리

16. 오색 다식

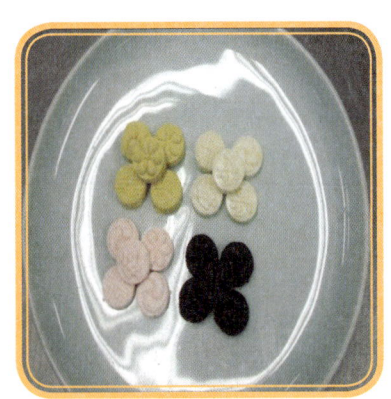

▶ **주제**
- 옛날 옛적에 - 전통 조리 기구 탐방 - 오색 다식

▶ **활동 목표**
- 옛날의 생활 모습을 알 수 있다.
- 전통 조리 기구에 대해 알 수 있다.

▶ **함께 알아보아요**

☐ 절구

사람의 힘으로 곡식을 찧거나, 양념을 빻을 때, 또는 메주를 찧거나 떡을 찧을 때에 쓰는 매이다. 지방에 따라 도구, 도구통, 절기방아, 방애라고도 한다.

☐ 떡매

단순히 힘으로 장작 패듯 내려치는 것이 아니라 넓은 면적으로 익힌 쌀을 잘게 부숴 주어야 한다. 떡매로 내려치며 떡을 눌러서 돌려주어야 더욱 찰지고 맛있는 떡이 만들어진다.

☐ 다식

우리나라 고유 과자의 하나로 녹말, 송화, 신감채, 검은깨 따위의 가루를 꿀이나 조청에 반죽하여 다식판에 박아 만들며, 흰색, 노란색, 검은색 따위의 여러 색깔로 구색을 맞춘다.

▶ **준비 재료**
- 물 1컵, 꿀 1컵, 물엿 1컵, 설탕 1컵, 각종 재료

▶ **준비 도구**
- 다식판

〈 활동과정 〉

▶ 흥미 끌기(5분)
◎ 놀이를 이해하기(사물 이해하기, 주의 집중시키기)
- 전통 조리가구의 사진을 보면서 무엇을 하는 것인지 이야기한다.

▶ 탐구하기(5분)
◎ 놀이 법을 찾아내기(만드는 방법 찾아내기)
- 다식 틀의 모양을 보면서 무엇을 만들지 생각해 본다.
- 만들 모양을 이야기한다.

▶ 놀이하기(20분)
◎ 신나게 만들기(놀기, 두드리기, 자르기, 붙이기, 그리기)

〈집청 만드는 법〉
물 1컵, 꿀 1컵, 물엿 1컵, 설탕 1컵을 섞어 대략 3컵 정도 될 때까지 끓여서 식힌다. 냉장 보관 후 다식 반죽에 사용한다.

〈다식 만들기〉
1. 찹쌀다식: 찹쌀을 물에 불려(4시간 정도) 찐 다음 말린 후 가루를 낸다. 찹쌀과 집청을 6:1 비율로 반죽하여 다식판에 박아낸다.
2. 송화다식: 송화는 소나무 꽃가루로 노란색을 띄며 달고 향기롭다. 5월 초순 가루가 터지기 전에 따서 말린다. 송화다식은 손이 많이 가고 까다로운 공정을 거쳐야 함으로 요즘은 파는 송화가루가 있어서 그것을 사용해도 된다.
3. 콩다식: 콩을 찌거나 볶아서 가루를 내어서 6:1로 집청 반죽을 해서 다식판에 박아낸다. 파란 콩은 찌고, 노란 콩은 볶는 것이 좋다.
4. 깨다식: 잘 씻어서 볶아 가루를 낸 후 꿀로 반죽한다.
5. 팥다식: 팥은 한 번 삶아 물을 버리고(떫은 맛을 없애기 위해) 다시 삶아서 말린 후 가루를 내어 사용한다. 팥앙금은 꿀 반죽, 말린 가루는 집청 반죽을 한다.
6. 녹두다식: 삶아서 말린 후 가루를 내어 집청 반죽을 해서 다식판에 박아낸다. 여름에 주로 하는 것이 좋다.

7. 밤다식: 삶아서 속살을 채에 내려서 꿀 반죽을 한다. 계피를 섞으면 더욱 향이 좋다.

▶ 토론하기(5분)
◎ 오감 만족하기
- 각각의 주 재료의 맛을 보고, 비교하여 맛을 이야기한다.

▶ 발전하기(5분)
◎ 놀이 재료 활용하기
- 각각의 만든 모양을 커다란 접시에 올려 그림 이야기를 꾸며 본다.
- 쿠킹 다이어리를 작성한다.

창의적 아동 요리

감성지수를 높이는

창의적 아동 요리

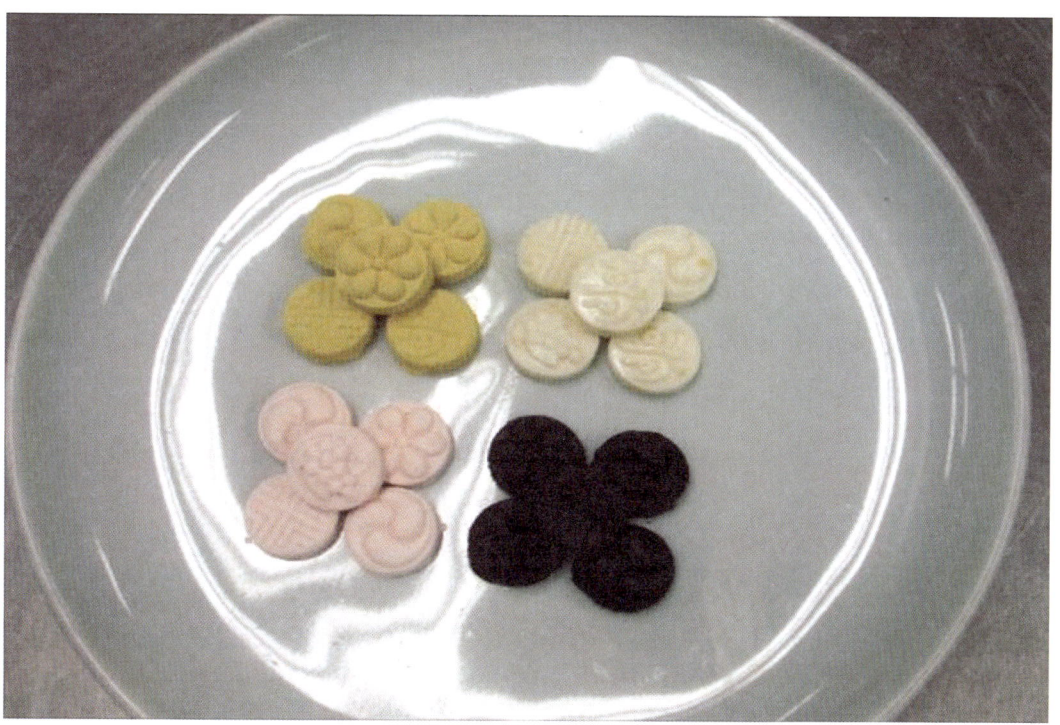

감성지수를 높이는

17. 달님 별님 송편

▶ **주제**
- 한가위 - 가족과 옹기종기 - 달님 별님 송편

▶ **활동 목표**
- 한가위의 의미를 알 수 있다.
- 송편을 만들 수 있다.

▶ **함께 알아보아요**

☐ 한가위(추석)

우리나라의 대표적인 명절의 하나로 음력 8월 15일을 말한다. "더도 덜도 말고 늘 한가위만 같아라" 라고 말할 정도로 좋은 절기에 새 곡식과 햇과일이 나와 만물이 풍성하다. 전국적으로 다양한 놀이가 전승되어지고 있는데, 호남 지방에서 행하는 강강술래와 전국적인 소먹이 놀이, 소싸움, 닭싸움, 거북놀이 등은 농작의 풍년을 축하하는 의미가 있으며, 의성 지방의 가마싸움도 있다.

☐ 송편

멥쌀가루를 익반죽(뜨거운 물로 반죽)하여 알맞은 크기로 떼어 거기에 소를 넣고 반달 모양으로 빚어 솔잎을 깔고 찐 떡을 말한다. 송편은 대표적인 추석 음식이다. 송편을 예쁘게 잘 빚어야 시집을 잘 간다고 하여, 여성들은 예쁜 손자국을 내며 반월형의 송편에 꿀, 밤, 깨, 콩 등을 넣어 맛있게 쪄냈으며 이때 솔잎을 깔아 후각적 향기와 시각적인 멋도 즐겼다.

☐ 익반죽

밀가루는 글루텐(gluten)이라는 단백질이 있어 반죽하면 서로서로 결합하면서 고무와 같은 성질을 가지는 반죽이 되어 여러 가지 음식을 만들 수 있다. 그러나 쌀가루에는 밀 단백질인 글루텐이 존재하지 않기 때문에 반죽이 잘 되지 않는다. 그래서 글루텐이 없는 메밀, 멥쌀, 찹쌀가루는 익반죽을 하는 것이다. 익반죽을 하게 되면 뜨거운 수분이 흡수되면서 호화(糊化)되어 점성이 생겨 반죽이 차지기 때문이다.

▶ 준비 재료
- 멥쌀가루, 백앙금, 호두, 깨, 설탕, 소금, 솔잎, 호박가루, 딸기가루, 쑥가루

▶ 준비 도구
- 모양 쿠키틀, 찜기, 숟가락

▶ 참고 자료
- 추석놀이 사진, 송편 사진

〈 활동과정 〉

▶ 흥미 끌기(5분)
◎ 놀이를 이해하기(사물 이해하기, 주의 집중시키기)
- 우리나라 명절에는 무엇이 있을까?
- 각 명절에는 무엇을 하니?

▶ 탐구하기(5분)
◎ 놀이 법을 찾아내기
- 설날과 추석은 무엇이 다를까?
  - 추석에 무엇을 하였니?
- 송편 모양 생각하기
  - 추석에 본 달은 어떤 모양이니?
  - 어떤 모양으로 만들면 예쁠까?

▶ 놀이하기(20분)
◎ 신나게 만들기(놀기, 두드리기, 자르기, 붙이기, 그리기)
1. 멥쌀가루에 식재료 색가루를 넣고 섞어준다.
2. 가루에 뜨거운 물을 부어 익반죽하여 랩을 씌어 놓는다.
3. 반죽을 동그랗게 굴려 가운데를 파고 소를 넣는다.

4. 원하는 대로 모양을 낸다.
5. 양면을 다르게 색을 넣어보기도 한다.
6. 모양을 여러 가지(별,달,꽃 모양 등)로 만들어 본다.

▶ 토론하기(5분)

◎ 원리 발견하기(탐구력 키우기)
- 왜 익반죽을 하는 걸까?
  - 쌀가루에는 밀 단백질인 글루텐이 존재하지 않기 때문에 반죽이 잘 되지 않는다. 그래서 글루텐이 없는 메밀, 멥쌀, 찹쌀가루는 익반죽을 하는 것이다.

▶ 발전하기(5분)

◎ 놀이 재료 활용하기(이렇게도 해보기)
- 쌀가루를 먼저 찐 후에 치대고 나서 만들면 모양새가 더욱 잘 잡힌다.
  (단 소는 완전히 익힌 후에 사용해야 한다.)
- 쿠킹 다이어리를 작성한다.

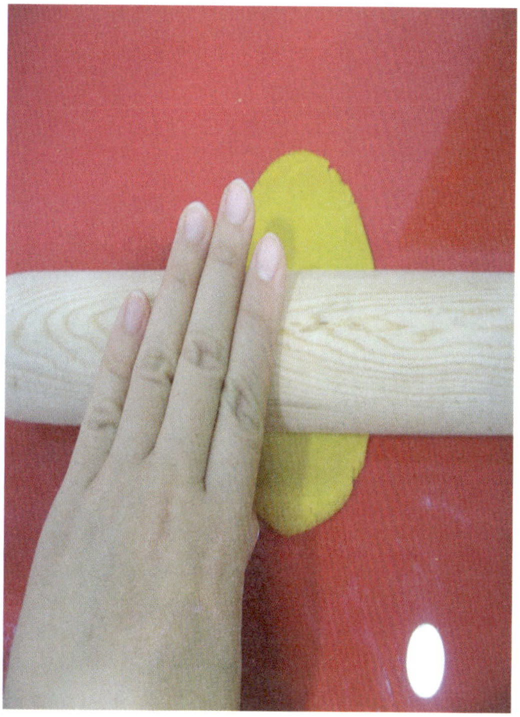

창의적 아동 요리   105

감성지수를 높이는

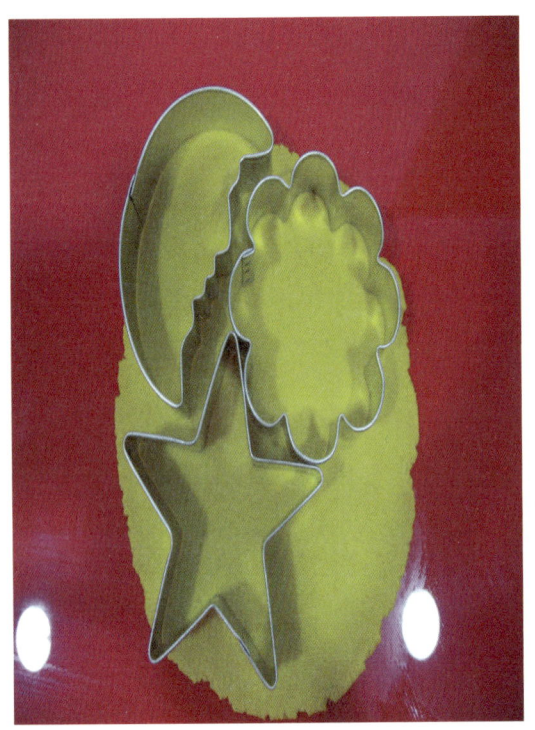

18. 똑같아요

▶ 주제
- 패턴효과의 학습

▶ 활동 목표
- 도구의 역할과 쓰임새를 알 수 있다.
- 지층과 순서를 익힐 수 있다.
- 도구에 대한 다양한 활용 능력을 기른다.

▶ 함께 알아보아요

☐ 원리

　틀을 이용하여 같은 모양을 낼 수 있는 활동이다. 미술에서는 판화나 도장의 이용처럼 같은 문양의 연속적인 효과를 주는 것과 비슷하다. 아이들의 생일파티나 모임에서 많은 사람들에게 예쁘고 깔끔한 음식을 대접하고 싶을 때 사용하면 좋은 방법이다. 아주 간단한 방법이므로 어른들의 도움이 없어도 아이들이 스스로 충분히 해낼 수 있어서 성취감을 얻기에도 아주 좋은 활동이다.

☐ 햄

　햄이란 원래 넓적 다릿살을 가리키는 말이었으나 지금은 흔히 돼지고기를 소금에 절여 훈연하거나 삶아 만든 가공식품을 일컫는다. BC 1000년경 그리스에서는 고기를 훈연하거나 절인 고기가 만들어졌고 로마시대에 원정군 휴대용 식량으로 이용되었던 것이 발달하여 근대의 대규모적인 공장공업으로 발전한 것이다. 햄은 소금 간을 한 후에 열처리를 한 가열햄과, 저온에서 훈연처리 없이 장기간 숙성시킨 비가열햄으로 나뉜다. 햄의 주성분은 단백질과 지방질로 육류식품의 전형적인 것이나 그 단백질은 필수아미노산을 골고루 함유하고 있는 우수한 단백질이므로 영양가가 높다. 지방도 식용으로서의 용도가 넓다. 그러나 비타민류의 함유량은 적다.

▶ 준비 재료
- 식빵 12개, 슬라이스 햄 6장, 치즈 6장, 잼

▶ **준비 도구**
- 접시, 쟁반, 모양 커터(별, 하트 등), 수저

▶ **참고 자료**
- 사진, 책 등

〈 활동과정 〉

▶ **흥미 끌기(5분)**
◎ 놀이를 이해하기
- 모양틀을 보여 주고 만져보게 한다.
- 좋아하는 모양을 이야기해 보게 한다.
- 도구의 쓰임새에 대해 이야기한다.

▶ **탐구하기(5분)**
◎ 만드는 방법 찾아내기
- 틀로 찍어주면 잘 잘라질까?
- 찍어서 잘라지는 재료와 안 잘라지는 재료에 대해 말해보자.
- 샌드위치의 어원에 대해 이야기해 준다.

▶ **놀이하기(20분)**
◎ 모양 찍기

1. 종류
① 모양틀 중 별모양 틀로 슬라이스 햄을 찍는다.
② 별모양 틀로 슬라이스 치즈를 찍는다.
③ 별모양 틀로 식빵을 2장 찍는다.
④ 식빵 2장의 각각 한쪽 면에 잼을 조금 바른다.
⑤ 우선 한 장 위에 찍은 햄과 치즈를 올리고 나머지 식빵을 덮는다.

2.종류
① 모양틀 중 하트모양 틀로 슬라이스 햄을 찍는다.
② 하트모양 틀로 슬라이스 치즈를 찍는다.
③ 하트모양 틀로 식빵을 2장 찍는다.
④ 식빵 2장의 각각 한쪽 면에 잼을 조금 바른다.
⑤ 우선 한 장 위에 찍은 햄과 치즈를 올리고 나머지 식빵을 덮는다.

▶ 토론하기(5분)
◎ 원리 발견하기
- 틀을 눌러줄 때 힘이 많이 들어가니?
- 다른 재료들을 이용하면 어떤 것이 좋을까?
- 치즈는 온도변화에 의해 녹으니까 주의한다.

▶ 발전하기(5분)
◎ 놀이 재료 활용하기(이렇게도 해보기)
- 모양틀을 이용해서 만들 수 있는 요리들을 말해본다.
- 틀을 찍기로만 이용하지 않고 틀 안에 음식물을 채울 수도 있다.

 110 감성지수를 높이는

창의적 아동 요리

감성지수를 높이는

19. 정다운 이웃

▶ **주제**
- 다양한 모양 꾸미기

▶ **활동 목표**
- 열에 의한 재료의 변화를 알 수 있다.
- 나누어 먹는 배려와 분배에 대해 배울 수 있다.
- 조리기구에 대해 안다.
- 계량을 통해 수의 이해를 도울 수 있다.

▶ **함께 알아보아요**

□ 원리
원형의 피자는 아이들에게 크기의 분할과 나누어 먹는 분배의 학습에 효과적으로 쓰일 수 있고 순서를 익히고 요리를 하면서 논리성도 익히게 된다. 재료를 이용한 피자 꾸미기는 아이들의 다양한 표현력과 색채감각 등을 자연스럽게 경험하게 하는 좋은 방법이다.

□ 또띠아
또띠아는 밀가루나 옥수수 전분을 이용해서 만든 밀전병이다. 멕시코식 옥수수 빈대떡이라고 알려져 있기도 하다. 프랑스의 크레페나 터키의 케밥처럼 밀가루나 전분을 이용해서 싸먹는 요리인데 멕시코에는 이것을 이용한 요리가 아주 많이 발전되어 있다. 또띠아는 그대로 먹지는 않고 야채나 고기를 넣어서 말아 먹는다. 또띠아에 야채나 닭고기, 해산물, 치즈 등을 넣어서 먹는 타코나 화지타 등이 있다.

▶ **준비 재료**
- 또띠아 1장, 송이버섯 1개, 양파 1/6개, 햄 40g, 피망 1/4개, 피자소스 2T, 피자치즈 60g

▶ **준비 도구**
- 오븐, 프라이팬, 가스버너, 칼, 도마, 주걱, 스푼, 종이접시, 쟁반, 피자 커터기

▶ **참고 자료**
- 사진, 책 등

〈 활동과정 〉

▶ **흥미 끌기(5분)**
◎ 주의 집중시키기
- 요리 재료를 보여 준다.
    - 무슨 요리를 만드는 재료일까?
    - 요리를 할 때 필요한 도구에는 뭐가 있을까?

▶ **탐구하기(5분)**
◎ 만드는 방법 찾기
- 피자에 대해 이야기한다.
    - 먹어본 경험이 있니?
    - 맛은 어떠니?
    - 좋아하는 피자의 종류는?
    - 만들어 본 경험은 있니?
- 요리의 순서도를 보여 주고 요리 방법을 이해한다.

▶ **놀이하기(20분)**
◎ 맛있게 만들기
1. 야채는 손질을 하고 깨끗하게 씻어 둔다.
2. 씻어놓은 야채 중 양파와 버섯, 파프리카를 1cm 크기로 썰어둔다.
3. 햄도 같은 크기로 썬다.
4. 프라이팬에 기름을 두르고 자른 재료들을 모두 섞고 볶는다.
5. 또띠아를 종이접시 위에 올려놓고 한쪽 면에 소스를 고르게 바른다.
6. 소스가 발라진 또띠아에 볶아놓은 야채와 햄을 올린다.
7. 그 위에 피자치즈를 올린 후 오븐에 180℃에서 15분간 굽는다.
8. 다 익은 피자는 피자 커터기나 칼을 이용하여 잘라서 나누어 먹는다.
* 칼과 불의 사용을 주의시킨다.

감성지수를 높이는

▶ **토론하기(5분)**

◎ 오감 만족하기
- 재료의 손질과 자르기 할 때 어렵지 않니?
- 내가 좋아하는 야채와 싫어하는 야채를 고루 섞어 요리해볼까?
- 같은 크기로 나누었니?
- 피자가 구워질 때의 색과 모양, 냄새의 변화를 느낄 수 있니?

▶ **발전하기(5분)**

◎ 이렇게도 해보기
- 나눠먹는 요리를 만들 때 좋은 메뉴는 무엇이 있을까?
- 나라별 음식에 대해 알아본다.

창의적 아동 요리   115

116　감성지수를 높이는

20. 꼬마 눈사람

▶ 주제
- 독창적인 창의력 표현

▶ 활동 목표
- 재료의 특성을 이용하여 모형을 만들 수 있다.
- 창의적 표현을 기를 수 있다.
- 균형감각을 키운다.
- 색과 형태의 차이를 안다.

▶ 함께 알아보아요

☐ 원리

마시멜로는 달콤하고 부드러운 느낌으로 아이들이 많이 좋아하는 식품이다. 마시멜로라는 재료가 가진 원래의 모양이나 색의 특성을 살려서 생각하고 상상하고 있는 모형을 만들 수 있다. 맛과 모양을 모두 지키면서 재미와 창의력이 표현된 머핀 만들기는 간단하면서도 아이들의 눈높이에 맞추어 어렵지 않은 만들기로 흥미를 느끼기에 충분한 조형활동이다.

☐ 마시멜로

마시멜로는 주재료가 전분, 젤라틴, 설탕 등으로 구성된 가볍고 연한 과자이다. 마시멜로라는 이름은 원재료의 이름에서 유래되어 붙여졌다. 시판되는 마시멜로에는 하얀 가루들이 묻어있는데 이는 마시멜로를 만들 때 틀에 부은 뒤 굳히게 된다. 그때 틀에 녹말가루를 깔고 부어서 굳어지면 꺼내기 때문에 이 녹말가루가 묻어있는 것이다. 마시멜로는 그냥 먹기보다는 푸딩이나 초콜릿, 아이스크림의 장식 등으로 쓰인다.

▶ 준비 재료
- 머핀믹스 1봉지, 버터 50g, 우유 50ml, 달걀 2개, 코코아가루 20g, 머핀컵, 마시멜로, 생크림

▶ 준비 도구
- 오븐, 접시, 짤주머니, 볼, 머핀틀, 머핀팬

▶ 참고 자료
- 사전, 책 등

〈 활동과정 〉

▶ 흥미 끌기(5분)
◎ 사물 이해하기
- 마시멜로를 보여 준다.
    - 이게 뭔지 아니?
    - 만져보니 느낌이 어때?
    - 색과 냄새는 어떠니?
- 맛을 조금 본다.
    - 맛은 어떠니? 녹는 느낌은?

▶ 탐구하기(5분)
◎ 놀이 법을 찾아내기
- 겨울 하면 생각나는 것에는 뭐가 있을까?
- 눈사람을 만들려면 어떤 재료가 좋을까?
- 마시멜로를 이용해서 만들어 본 적이 있니?

▶ 놀이하기(20분)
◎ 신나게 만들기
1. 전자레인지에 데워 버터를 녹인다.
2. 녹인 버터는 볼에 넣고 달걀을 넣고 섞어준다.
3. 준비한 우유를 넣고 섞어준다.
4. 체 친 머핀믹스 한 봉지를 넣고 날밀가루가 보이지 않게 섞어준다.

5. 머핀틀에 머핀 유산지를 깔고 반죽을 80% 정도 넣어준다.
6. 180℃로 예열된 오븐에 20분간 구워준다.
7. 생크림을 핸드믹서를 이용하여 크림을 만든다.
8. 다 구워진 머핀은 틀에서 꺼내어 식힌다.
9. 다 식은 머핀 위에 하얀 생크림을 덮어준다.
10. 그 위에 마시멜로 2개를 눈사람처럼 세워둔다.
11. 마시멜로 얼굴을 꾸며준다.

▶ 토론하기(5분)

◎ 오감 만족하기
- 머핀 반죽은 어떤 느낌이니?
- 머핀이 구워질 때의 모양과 색은 어떻게 변할까?
- 생크림이 액체에서 반고체가 되는 과정을 안다.

▶ 발전하기(5분)

◎ 요리재료 바꾸어보기
- 삶은 달걀이나 메추리알을 이용해서 눈사람을 만들어본다.
- 둥근 빵 위에 생크림으로 장식해도 눈사람을 꾸밀 수 있다.
- 쿠킹플레이 활동지를 그림으로 그려본다.

120 감성지수를 높이는

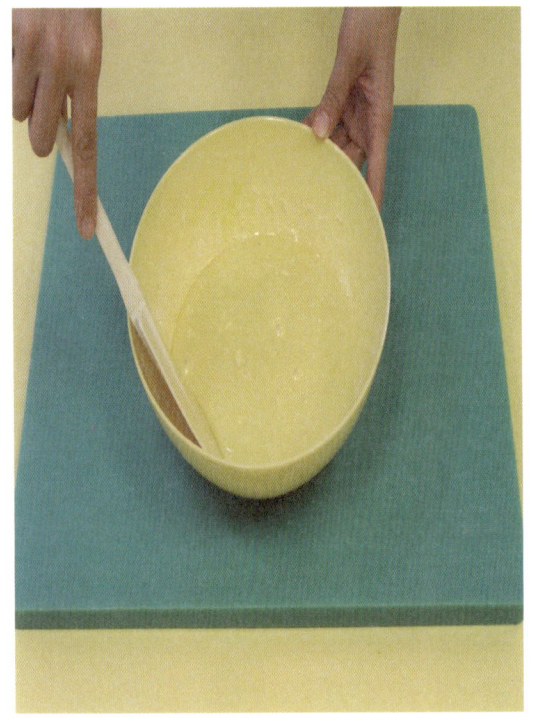

창의적 아동 요리   121

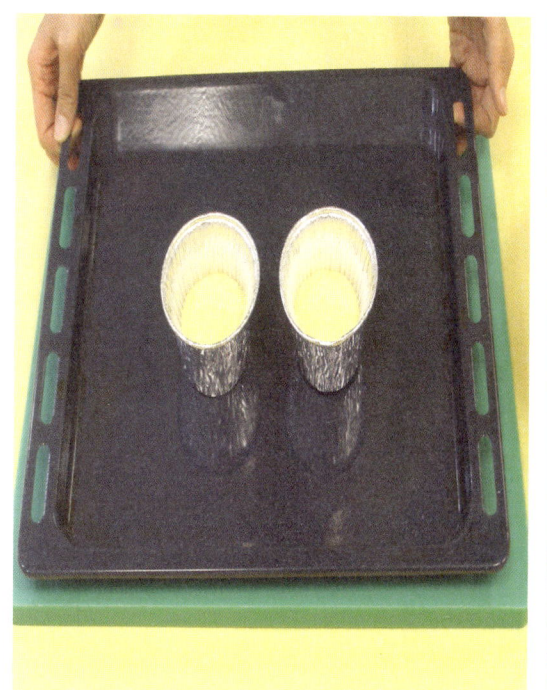

21. 즐거운 민속놀이

▶ 주제
- 전통놀이의 이해와 경험

▶ 활동 목표
- 우리의 전통놀이에 대해 안다.
- 밀가루를 탐색한다.
- 반죽활동으로 소근육의 발달을 돕는다.
- 열에 의한 재료의 변화를 알 수 있다.

▶ 함께 알아보아요

☐ 원리

우리나라의 전통놀이 중 하나인 윷놀이의 도구는 나무로 되어 있다. 흔히 경험하는 나무로 만든 놀이도구가 아닌 음식물로 만들어 보려는 구상은 재미나고 흥미로운 것이다. 생김새나 색깔 등 비슷한 점을 찾고 적당한 재료를 찾아 만들다보면 우리의 전통놀이문화에 대해서도 관심과 애정이 생기고 식재료의 활용에 있어서도 창의성을 발휘할 수 있게 된다.

☐ 윷놀이

윷놀이란 편을 갈라 윷으로 승부를 겨루는 놀이다. 오늘날의 윷놀이는 단순한 하나의 오락으로 새해의 놀이문화 정도이지만 옛날에는 새해에 농부들이 그 해의 농사가 높은 지대에 잘 될까 혹은 낮은 지대에 잘 될까를 점쳐보던 농경시대의 풍습이었다고 한다. 준비물로서는 윷, 말판, 말이 필요하다. 한국의 민속놀이 중에서 가장 보편적이고 남녀노소의 구별 없이 즐길 수 있는 놀이이다.

▶ 준비 재료
- 쿠키믹스 1/2컵, 달걀 1개, 우유 1/2컵, 초코펜 1개

▶ 준비 도구
- 오븐, 볼, 숟가락, 쟁반

▶ 참고 자료
- 윷, 전통놀이 사진

〈 활동과정 〉

▶ 흥미 끌기(5분)
◎ 놀이를 이해하기
- 전통놀이 사진을 보여 준다.
  - 사진 속의 놀이들을 본 적이 있니?
  - 직접 경험해 본 놀이가 있니?
  - 언제 하는 놀이인지 아니?

▶ 탐구하기(5분)
◎ 놀이 법을 찾아내기
- 실제 윷을 보여 주고 만져보게 한다.
  - 윷놀이를 해본 적이 있니?
  - 이것은 무슨 모양이지?
  - 이것의 재질이 무엇이니?
  - 만져보고 느낌을 이야기해 볼래?
  - 이 놀이의 규칙은 어떻게 될까?

▶ 놀이하기(20분)
◎ 신나게 만들기
1. 볼에 달걀과 우유를 섞는다.
2. 섞인 재료에 쿠키믹스를 넣는다.
3. 고르게 섞이도록 잘 저어준다.

4. 반죽이 잘 섞였으면 틀에 2/3 정도 채워준다.
5. 180℃에서 예열된 오븐에서 20분간 굽는다.
6. 다 구워졌으면 꺼내어 식힌다.
7. 윷의 윗면에 초코펜으로 'X'자의 모양을 그려준다.

▶ **토론하기(5분)**

◎ 탐구력 키우기
- 원하는 모양이 제대로 나왔니?
- 반죽 크기와 구워진 후의 빵의 크기가 어떻게 달라졌니?
- 단단 하기는 어느 정도이니?
- 반죽의 농도를 조절하는 방법이 무엇이지?

▶ **발전하기(5분)**

◎ 이렇게도 해보기
- 명절별 전통놀이에 대해 알아본다.
- 널뛰기 놀이에서 중요한 무게중심에 대해 알아본다.
- 다른 전통놀이에 대해 이야기하고 만들 수 있는 방법이나 아이디어를 이야기한다.

창의적 아동 요리

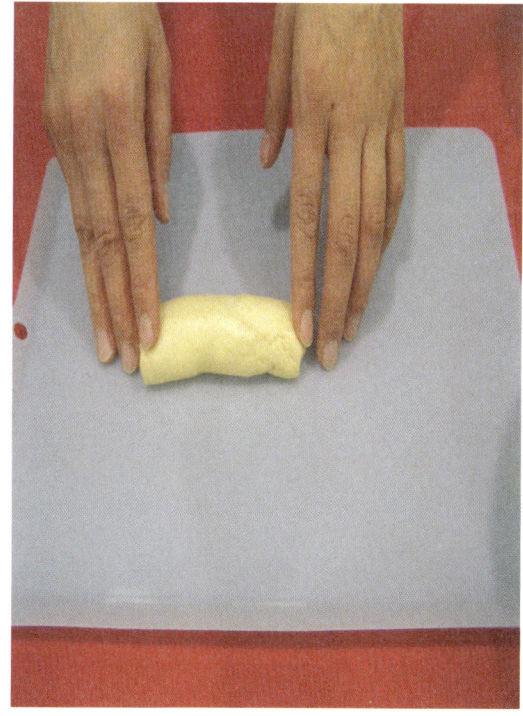

감성지수를 높이는

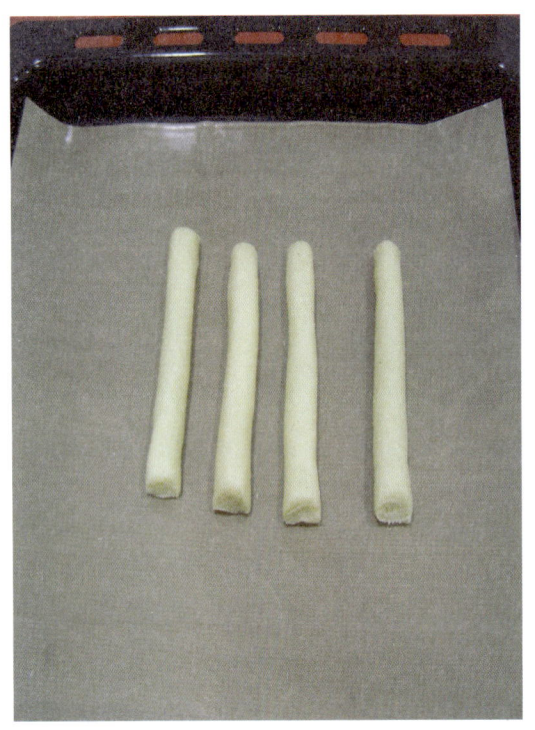

22. 만나서 반가워요

▶ **주제**
- 관찰력과 표현력 효과

▶ **활동 목표**
- 사물에 대한 관찰력이 증진된다.
- 시각적 자극을 통한 지능발달 효과를 줄 수 있다.
- 자기표현 능력이 향상될 수 있다.
- 친구들 간의 친밀감과 즐거움을 갖게 된다.

▶ **함께 알아보아요**

☐ 원리

어린이들은 친구와 어울리고 놀이하면서 함께 생활하는 즐거움이 커지게 되고 학교 생활을 통하여 사회성도 익히게 된다. 가장 가까운 사람들과의 어울림을 통해 감정표현 또한 다양하게 나타나게 되고 그것을 통해 내가 느끼는 친구들의 생김새를 표현할 수 있다. 이런 꾸미기의 활동을 하다보면 집중력이 높아지고 미세한 손근육의 발달도 함께 이루어진다.

☐ 감자

감자는 여러해살이풀로 땅속줄기의 각 마디에서 보통 1개씩의 가는 줄기가 나오고 그 끝부분들에서 우리가 먹는 덩이줄기가 형성된다. 감자의 주성분은 탄수화물이고, 그 대부분은 녹말이다. 곡류의 대체 식품으로 활용되기도 한다. 감자는 비타민 C의 함유량도 높다. 감자에 함유된 비타민 C는 열에 의해 쉽게 파괴되지 않아서 다양한 조리법으로 요리될 수 있다. 감자는 삶기, 조리기, 부치기, 볶기, 튀기기 등 여러 가지 조리법으로 다양하게 이용되고, 여러 가지 재료들과도 잘 어울리므로 어린이들에게 만들어 주는 요리재료로 아주 적당하다. 오래된 감자에서 생기는 싹에는 독성이 있으므로 이용에 주의해야 하고 겉은 매끈한 것보다는 흙이 묻어 있는 것이 신선한 감자의 선택에 도움이 된다.

▶ **준비 재료**

- 감자 1개, 베이컨 1장, 양파 1/3개, 밀가루 2T, 피자치즈 50g, 올리브, 토마토, 김, 검은깨, 소금 약간

감성지수를 높이는

▶ **준비 도구**
- 프라이팬, 볼, 접시, 칼, 도마, 숟가락, 뒤집개, 가위

▶ **참고 자료**
- 다양한 표정의 얼굴 사진, 거울, 감자 등

〈 활동과정 〉

▶ **흥미 끌기(5분)**

◎ 놀이를 이해하기
- 내 얼굴의 이목구비를 만져본다.
- 여러 가지 표정의 얼굴 그림을 보여 준다.
- 짝꿍의 얼굴을 살펴본다.

▶ **탐구하기(5분)**

◎ 놀이 법을 찾아내기
- 눈, 코, 입 등에 표현할 만한 재료가 무엇이 있는지 탐색한다.
    - 눈(코) 등은 어떤 모양이니?
    - 짝꿍의 얼굴은 어떤 모양이니?
- 주재료인 감자에 대해 알아보고 감자로 만든 음식을 알아본다.
    - 속은 어떻게 생겼니?
    - 냄새와 맛은 어떨까?
    - 익히지 않고 먹을 수 있니?
    - 감자로 만든 음식에는 어떤 것들이 있을까?

▶ **놀이하기(20분)**

◎ 재미나게 만들기
1. 감자를 깨끗이 씻는다.
2. 감자를 얇게 채썰어 찬물에 담가 물기를 제거한다.

3. 양파와 베이컨은 0.3cm로 잘게 썰어 팬에 볶는다.
4. 볼에 감자와 볶은 양파, 베이컨에 소금과 밀가루를 넣어 골고루 섞는다.
5. 프라이팬에 식용유를 두르고 골고루 섞은 재료를 약불에 쫙 펴서 한 면을 노릇하게 익힌다.
6. 한 면이 익은 감자전의 윗면에 피자치즈를 골고루 뿌린다.
7. 피자치즈를 뿌려준 빈대떡을 익혀 치즈가 녹으면 꺼낸다.
8. 빈대떡 위에 올리브, 토마토 등 장식용 재료를 이용해 친구의 특징 있는 얼굴을 꾸민다.

* 칼과 불 사용을 주의시키고 도와준다.

▶ 토론하기(5분)

◎ 정밀도 증가시키기
- 친구와 많이 닮았니?
- 표현하기 어려운 부분은 무엇이니?
- 장식의 재료들을 다른 것으로 무엇을 사용하면 좋겠니?

▶ 발전하기(5분)

◎ 요리재료 바꾸어 보기
- 다른 재료를 이용하여 얼굴을 표현할 수 있는 방법을 알아본다.
- 서로의 작품을 보고 친구에 대한 느낌을 이야기한다.
- 감자를 이용한 여러 요리를 알아본다.

130 **감성지수를 높이는**

23. 즐거운 우리 교실

▶ **주제**
- 오감발달과 복합적 효과

▶ **활동 목표**
- 재료의 계량을 통해 수학적 개념을 터득할 수 있다.
- 수의 순서를 익히고 나열하는 법을 배운다.
- 공동작업을 통하여 협동심과 역할분담을 배운다.
- 밀가루의 변화과정을 관찰하고 결과를 예측할 수 있다.

▶ **함께 알아보아요**

☐ 원리

학교는 아이들에게 학습의 장소이자 단체생활의 배움터이므로 아이들은 학교에서 상호작용과 협동심을 키우게 된다. 교실을 꾸밀 수 있는 시계를 생활 속에서 쉽게 볼 수 있는 밀가루를 이용한 쿠키로 만들어 본다. 이렇게 만들다보면 흥미로움과 단결력으로 인해 즐거움은 배가 될 것이고, 밀가루 반죽을 숫자틀로 찍는 작업을 통해 수에 대한 개념과 손근육 활동으로 인해 두뇌발달에도 도움이 된다.

☐ 밀가루

밀은 소맥이라고도 하고 주로 온대 지방의 밭에서 재배된다. 밀의 배유부분을 가루로 만든 것을 보통 밀가루라고 한다. 이 밀가루는 쌀처럼 열량원으로서 중요하다. 단백질은 쌀보다 많이 함유되어 있으나 필수아미노산은 쌀보다 약간 적어서 요즘은 밀가루에 비타민 B군, 무기질 등을 첨가한 영양강화 밀가루를 만들고 있다. 밀가루는 글루텐의 함유량에 따라 강력분, 박력소맥분, 중력분 등으로 나눌 수 있다.

▶ **준비 재료**
- 쿠키믹스 1통, 달걀 1개, 올리브 오일 1T, 슈가파우더 200g, 달걀 흰자 40g, 레몬즙 1T, 식용색소

▶ **준비 도구**
- 오븐, 볼, 주걱, 밀대, 쿠키틀 여러 개(숫자 모양), 짤주머니, 스푼

▶ **참고 자료**
- 시계, 통밀, 밀가루 등

〈 활동과정 〉

▶ **흥미 끌기(5분)**
- 밀과 밀가루를 보여 준다.
- 시계를 보여 준다.
    - 좋아하는 시간과 이유를 말해볼까?
    - 하루는 몇 시간이니?

▶ **탐구하기(5분)**
◎ 놀이 법을 찾아내기
- 밀가루를 만져보게 한다.
    - 느낌이 어떠니?
    - 밀가루와 비슷한 가루에는 뭐가 있을까?
    - 밀가루로 어떤 것들을 만들 수 있을까?
    - 이 가루을 반죽하려면 어떻게 해야 할까?
    - 색깔을 다르게 하려면 어떻게 할까?

▶ **놀이하기(20분)**
◎ 신나게 만들기
갈색 쿠키 만들기
1. 초코쿠키믹스에 달걀 1개, 올리브유 1T 스푼을 넣고 잘 섞어준다.
2. 반죽을 0.3cm 두께로 밀어 쿠키 커터로 숫자 모양과 눈 모양을 찍는다.
3. 180℃로 예열한 오븐에 넣어 10~15분 정도 굽는다.

아이싱만들기
1. 슈거 파우더를 체에 친다.
2. ①에 달걀 흰자를 넣고 고루 섞은 후 레몬즙을 넣어 섞는다.
3. 원하는 색깔의 식용 색소를 넣어 고루 섞는다.

쿠키 꾸미기
1. 구워놓은 쿠키에 짤주머니에 담은 아이싱으로 장식한다.
2. 아이싱으로 장식한 쿠키와 숫자 쿠키로 시계를 꾸민다.

▶ 토론하기(5분)
◎ 오감 만족하기
- 반죽의 느낌이 어때?
- 반죽이 오븐에서 구워질 때의 변화는 무엇이니?
- 쿠키가 구워질 때 어떤 냄새가 나니?

▶ 발전하기(5분)
◎ 요리재료 바꾸어 보기
- 쿠키가 아닌 다른 재료로도 만들 수 있다.
- 시계의 기원에 대해 이야기해 준다.
- 협동 작품의 즐거움을 발견한다.

136 감성지수를 높이는

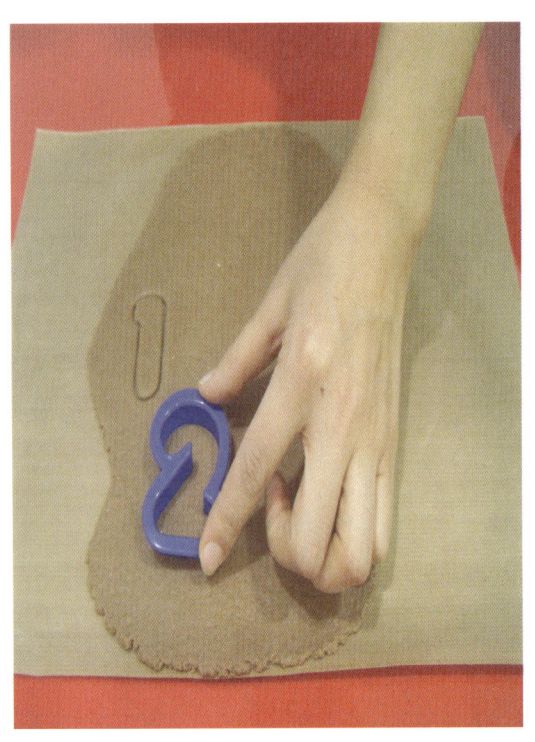

24. 꼭꼭 숨어라

▶ **주제**
- 눈과 손의 협응력

▶ **활동 목표**
- 채도에 대해 알아본다.
- 조리과정 중 재료들의 형태변화를 배운다.
- 눈과 손의 협응력이 길러진다.
- 나라의 전통음식에 대해 알 수 있다.

▶ **함께 알아보아요**

□ 원리

라이스페이퍼의 특징이 얇으면서도 쉽게 찢어지지 않는 것이다. 말라 있는 상태에서는 딱딱한 고체 형태이지만 따듯한 물과 만나게 되면 말랑하고 약간의 투명함을 지닌 천과 같은 형태가 된다. 이것을 이용하여 여러 재료의 내용물을 넣어서 원하는 형태대로 모양을 만들어줄 수 있다. 피 사이로 살짝 드러나는 내용물을 맞춰보는 재미도 쏠쏠하다.

□ 라이스페이퍼

라이스페이퍼는 쌀을 곱게 빻아 물을 붓고 반죽해서 팬에 살짝 구워 딱딱하게 말린 베트남 음식재료이다. 다른 이름으로는 함지쌈, 넴, 바인차라고도 한다. 베트남쌀은 우리나라 쌀에 비해 찰기가 없기 때문에 물에 불려 요리에 이용하기에 적당하다.
라이스페이퍼를 먹을 때는 두꺼운 것은 미지근한 물에 20초 정도 담가 부드럽게 불린 다음 1장씩 물기를 닦아서 먹고, 얇은 것은 젖은 행주에 1장씩 올려 놓고 다시 젖은 행주로 눌러서 적셔 먹는다.

▶ **준비 재료**
- 라이스페이퍼 5장, 파프리카 1/4개, 양파 1/4개, 토마토 1/2개, 미나리 5줄, 맛살 1줄, 새우 5마리, 햄 50g

▶ 준비 도구
- 가스버너, 냄비, 칼, 도마, 냉면기, 접시, 젓가락

▶ 참고 자료
- 쌀, 쌀가루, 베트남국기 사진

〈 활동과정 〉

▶ 흥미 끌기(5분)
- 쌈이 무엇인지 아니?
- 먹어본 쌈의 종류는 무엇이고, 좋아하는 쌈은 무엇이니?
- 여러 가지 쌈에 대해 이야기해 준다.

▶ 탐구하기(5분)
◎ 재료 관찰하기
- 쌀과 쌀가루를 보여 준다.
- 라이스페이퍼를 보여 주고 냄새와 촉감에 대해 알아본다.
    - 이것이 무엇인지 아니?
    - 냄새를 맡아볼까?
    - 무엇으로 만든 것일까?
    - 비슷하게 생긴 것에는 무엇이 있을까?

▶ 놀이하기(20분)
◎ 재미나게 만들기

1. 재료들은 깨끗이 씻어 준비한다.
2. 파프리카, 양파, 토마토는 채썬다.
3. 햄과 맛살도 잘게 썰어둔다.
4. 미나리는 끓는 물에 데친다.
5. 새우는 끓는 물에 살짝 데친 후 물기를 빼준다.
6. 큰 접시에 준비한 재료들을 보기 좋게 돌려 담는다.

7. 각자 개인 접시를 놓는다.
8. 라이스페이퍼를 뜨거운 물에 담가 말랑하고 부드럽게 만든다.
9. 부드러워진 라이스페이퍼를 꺼내어 준비된 접시에 펼친다.
10. 그 위에 준비된 재료들을 3~4가지씩 넣는다.
11. 재료들을 넣고 복주머니 모양으로 만들어 묶어준다.

▶ 토론하기(5분)
◎ 오감 만족하기
- 새우가 데쳐질 때 색이 어떻게 변하니?
- 라이스페이퍼의 느낌이 어떻게 달라졌니?
- 복주머니 안으로 어떤 재료들이 보이니?
- (복주머니 안) 야채의 종류에는 무엇이 있니?
- (복주머니 안) 붉은색은 무엇이 있니?

▶ 발전하기(5분)
◎ 각 나라의 음식 알기
- 베트남 음식에 대해 설명한다.
- 우리나라 음식 중 쌀가루로 만들 수 있는 음식을 말해본다.

140 감성지수를 높이는

창의적 아동 요리

25. 찾아보세요

▶ 주제
- 손의 협응력과 뇌의 발달력 증진효과

▶ 활동 목표
- 눈과 손의 협응력을 기를 수 있다.
- 집중력과 정교성을 키울 수 있다.
- 퍼즐을 통하여 부분과 전체에 대해 배운다.

▶ 함께 알아보아요

□ 원리

조각 하나하나를 맞춰가는 과정에서 부분들이 전체를 채워가는 원리를 요리놀이를 통해 배울 수 있다. 이런 놀이를 하는 과정에서 자연스럽게 창의적인 발달로 이어질 수 있다. 현대의 아이들에게 부족한 끈기와 인내심이 길러지고 다양한 응용적인 표현력으로 지능계발에 효과적이라는 장점이 있다.

□ 젤라틴

젤라틴이란 동물의 뼈, 가죽, 힘줄 등을 구성하는 천연단백질인 콜라겐에 열이 가해져 얻어지는 유도단백질이 원료이다. 특징은 뜨거운 물에 잘 녹으며, 냉각하면 다시 젤 상태로 된다. 식용으로 쓰일 때는 젤리를 만들거나 케이크를 굳힐 때 쓰이며, 공업적인 용도로는 약의 캡슐이나 지혈제 등에 쓰인다. 보통 음식에서는 케이크나 젤리 등의 베이킹에 많이 이용된다. 젤리를 만들 때에는 배, 키위, 파인애플 등에는 연육작용의 성분이 있어 젤라틴을 사용해도 응고가 잘 안되므로 이런 과일은 피해서 만들면 된다.

▶ 준비 재료
- 가루 젤라틴 20g, 물 500g, 설탕 100g, 레몬즙 2TS, 과일(키위, 오렌지, 파인애플)

▶ 준비 도구
- 가스버너, 냄비, 숟가락, 칼, 도마, 접시, 바닥이 평평한 네모 그릇

▶ **참고 자료**
- 퍼즐, 판 젤라틴과 가루 젤라틴, 과일의 단면도 등

〈 활동과정 〉

▶ **흥미 끌기(5분)**

◎ 놀이를 이해한다.

- 퍼즐을 보여 준다.
  - 퍼즐이 어떤 놀이인지 아니?
  - 퍼즐을 가지고 놀았던 경험에 대하여 이야기한다.
  - 퍼즐의 난이도는 어떤가 이야기한다.

▶ **탐구하기(5분)**

◎ 재료에 대해 알기

- 젤라틴에 대해 설명해준다.
  - 젤리를 좋아하니?
  - 젤리는 무엇으로 만들까?

- 과일에 대해 말한다.
  - 계절별 과일에 대해 말해볼까?
  - 열대과일은 무엇이 있을까?
  - 과일 속을 보고 어떤 과일인지 알 수 있을까?
  - 과일에는 다 씨가 있니?

▶ **놀이하기(20분)**

◎ 재미나게 만들기
1. 과일들은 깨끗이 씻는다.
2. 씻은 과일을 통째로 0.5cm 두께로 가로나 세로 썰기를 한다.
3. 냄비에 물을 붓고 80℃ 정도의 온도가 되도록 데워준다.
4. 데워진 물에 가루젤라틴과 설탕, 레몬액기스를 넣고 숟가락으로 가루젤라틴이 다 녹을 때까지 저어준다.
5. 다 녹았으면 그대로 조금 식혀 둔다.
6. 틀에 만들어둔 젤리액을 틀의 바닥이 덮을 만큼만 붓는다.

7. 그 위에 썰어놓은 과일들을 자연스럽게 놓는다.
8. 나머지 젤리액을 부어준다.
9. 냉동실에 넣어서 30분 가량 굳힌다.
10. 굳은 젤리를 틀에서 빼내어 다양한 모양으로 잘라준다.
11. 잘라놓은 젤리로 퍼즐맞추기 놀이를 한다.

▶ 토론하기(5분)
◎ 탐구력 키우기
- 과일 자를 때의 느낌이 어떠니?
- 젤리의 느낌은 어떠니? 잘 굳었니?
- 시간이 지날수록 젤리가 어떻게 되니?
- 퍼즐은 다양한 모양으로 자른다.

▶ 발전하기(5분)
◎ 요리재료 바꾸기
- 퍼즐을 만들 만한 다른 요리 재료는 무엇일까?
- 칠교놀이도 일종의 퍼즐이다.
- 활동지를 적으면서 액체에서 고체로 변하는 과정을 정리해 본다.

창의적 아동 요리   145

146 감성지수를 높이는

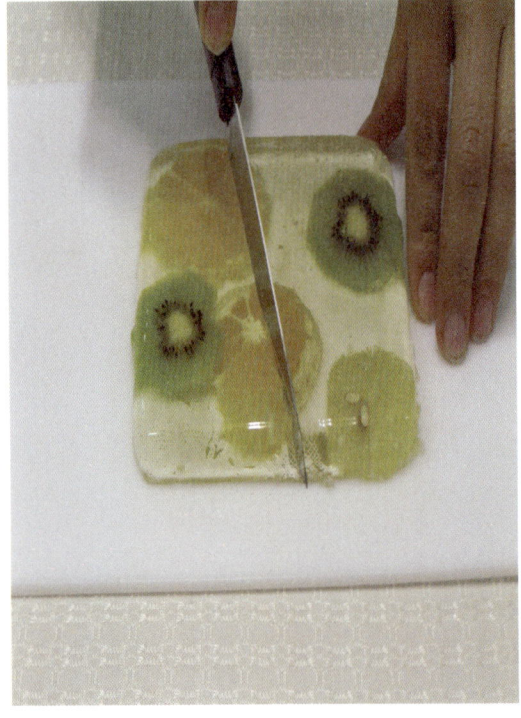

26. 이만큼 자랐어요

▶ **주제**
- 열에 의한 부피 변화

▶ **활동 목표**
- 마른 옥수수를 이용하여 팝콘을 만드는 과정을 알아본다.
- 열에 의한 옥수수 알의 변화과정을 알 수 있다.
- 부피의 변화를 배우게 된다.
- 재료의 변화를 설명하고 그림이나 글로 표현할 수 있다.

▶ **함께 알아보아요**

☐ 원리

팝콘은 재료와 방법이 모두 간단하여서 불의 사용시 주의한다면 아이들이 경험해 보기에 좋은 요리이다. 딱딱한 팝콘용 옥수수 알갱이에 열을 가하면 크고 하얗게 터지게 된다. 이는 옥수수 알맹이 내부에 있는 수분에 의해 부피가 크게 늘어나고 내부의 압력이 점점 커지게 되어 결국 껍질이 견뎌내지 못할 정도로 압력이 커지면 옥수수 알맹이의 껍질이 터지면서 안쪽의 내용물이 껍질 밖으로 빠져나와서 팝콘이 부풀어 오르는 것이다.

☐ 팝콘

팝콘이란 용기에 옥수수알을 넣고 밀폐한 후 가열하면 용기 속의 압력이 높아져 옥수수가 팽창하면서 터져 크게 부풀어 오르는 것이다. 옥수수는 알의 형질에 따라 그 종류를 나누는데, 팝콘에 사용되는 옥수수종은 폭립종이라고 한다. 이 팝콘은 튀긴 그대로 먹기도 하고 단맛이나 짠맛 등을 조미하여 먹기도 한다. 팝콘에는 베타 카로틴이라는 성분이 들어있는데 이것은 눈과 피부의 건강을 지켜준다. 팝콘은 멕시코에서 기원된 것으로 추측되지만 그것이 자란 곳은 중국과 수마트라 그리고 인도였다.

▶ **준비 재료**
- 옥수수, 사진, 책 등

▶ 준비 도구
- 나무주걱, 투명한 냄비 그릇, 가스버너, 수저 등

▶ 참고 자료
- 옥수수, 사진, 책 등

〈 활동과정 〉

▶ 흥미 끌기(5분)
◎ 옥수수 알 관찰하기
  - 옥수수 알은 무슨 색이니?
  - 모양은 어떻니?
  - 옥수수 알을 만져볼까? 느낌은 어떻니?
  - 옥수수 알을 씹어볼까? 어떤 느낌이니?

▶ 탐구하기(5분)
◎ 만드는 방법 찾아내기
- 팝콘 하면 어떤것이 떠오르니?
  - 젤리를 좋아하니?
  - 젤리는 무엇으로 만들까?
- 팝콘이 튀겨지는 동안 어떤 일이 생길까?
  - 어떤 냄새가 날까?
  - 무슨 소리가 들려?
  - 왜 그런 소리가 들릴까?
- 준비한 버터를 관찰한다.
  - 이것은 무엇일까?
  - 만져보면 어떤 느낌이 드니?
  - 맛은 어떠니?
  - 냄새는 어때?
  - 이것은 무엇으로 만들었을까?

▶ 놀이하기(20분)
◎ 신나게 만들기
1. 냄비에 버터와 옥수수 알맹이를 넣는다.
2. 맛소금을 넣는다.
3. 불을 켜고 숟가락으로 잘 섞는다.
4. 뚜껑을 덮고 옥수수 알이 튀겨지는 모습을 관찰한다.
5. 옥수수 알이 튀겨지면 불을 끈다.

* 버너와 너무 가까이에서 관찰하는 것에 주의한다.

▶ 토론하기(5분)
◎ 탐구력 키우기
- 옥수수 알이 왜 달라졌니?
- 팝콘 요리를 할 때 어떤 소리가 나니?
- 어떤 냄새가 나니?
- 튀기기 전의 옥수수 양과 튀겨져 나온 후의 팝콘 양을 비교한다.

▶ 발전하기(5분)
◎ 정리해 보기
- 요리하기 전과 후의 옥수수 알의 모양을 그려보고, 모양, 크기, 감촉, 부피, 무게 등을 적어본다.

150 **감성지수를 높이는**

창의적 아동 요리   151

27. 올라가고 내려오고

▶ **주제**
- 창의적 구성 능력 발달

▶ **활동 목표**
- 재료의 탐색이 가능하다.
- 조형원리와 균형감각을 키울 수 있다.
- 소근육 활동을 통해 신체를 조절할 수 있다.

▶ **함께 알아보아요**

☐ 원리

　자유롭고 적극적인 활동을 위하여 마련된 놀이공간을 우리는 놀이터라고 한다. 예전에는 동네의 어귀나 학교 운동장의 공간에 여러 가지 놀이기구나 운동기구를 마련해 놓고 아이들이 많이 뛰어놀았지만 요즘 아이들은 신체활동이나 외부 놀이 활동이 많이 줄어들었다. 친구들과 어울리고 부딪히며 함께하는 활동을 바라는 마음에서 시소 놀이라는 놀이기구를 식재료로 만들어 보자. 이런 만들기를 하면서 아이들은 각자가 생각하는 만들기를 하고 표현능력이 발달되고 사고력도 키워지게 된다.

☐ 당근

　당근은 홍당무라고도 하며 원산지는 아프가니스탄이다. 뿌리는 굵고 곧으며 황색, 감색, 붉은 색을 띤다. 꽃은 7~8월에 흰색으로 피고, 3000~4000개의 작은 꽃이 1주일간 핀다. 뿌리는 채소로 식용하는데, 비타민 A와 비타민 C가 많고, 맛이 달아 나물, 김치, 샐러드 및 서양 요리에 많이 이용한다. 한국에서는 16세기부터 재배하기 시작했다. 당근에는 비타민과 당질이 들어있고 항암효과가 있는 성분도 있고, 팩틴은 장의 운동을 조절해 음식물 소화를 돕고 설사를 멈추게 한다. 홍당무의 붉거나 노란 색소의 주성분인 카로틴은 날로 먹으면 흡수가 잘 되지 않으나 참기름, 콩기름으로 요리해 익혀 먹으면 흡수율이 높다. 당근에는 비타민 A가 많이 들어있어 피부를 곱고 매끄럽게 해준다.

▶ 준비 재료
- 당근 1개, 호박 1/4개, 밀가루 1/3컵, 물 1/3컵 등

▶ 준비 도구
- 칼, 도마, 이쑤시개, 볼

▶ 참고 자료
- 놀이기구 사진, 관련책 등

〈 활동과정 〉

▶ 흥미 끌기(5분)
◎ 주의 집중시키기
- 수수께끼를 이용하여 시소를 추리하게 한다.
- 놀이기구 사진을 보여 준다.
    - 사진 속의 놀이기구들을 본 적이 있니?
    - 직접 경험해 본 놀이가 있니?
    - 놀이터에 가 본 경험을 이야기해 볼까?
- 학교에 있는 놀이시설의 종류를 말한다.

▶ 탐구하기(5분)
◎ 놀이 법 찾아내기
- 야채의 종류별 질감을 느낄 수 있겠니?
    - 당근의 질감은 어떠니?
    - 호박의 질감은 어떠니?
- 놀이시설을 이용할 때 주의할 점 말하기
    - 놀이기구를 탈 때, 지켜야 할 점은 무엇일까?
    - 맛은 어떠니?
    - 냄새는 어때?
    - 이것은 무엇으로 만들었을까?

▶ 놀이하기(20분)
◎ 신나게 만들기

감성지수를 높이는

1. 만들고자 하는 시소의 모양을 종이에 그려본다.
2. 밀가루에 물을 넣고 반죽한다.
3. 반죽이 된 밀가루를 이용하여 손잡이 등 장식할 것을 만든다.
4. 판으로 사용할 당근을 긴 직사각형 모양으로 자른다.
5. 중심축이 될 호박도 원하는 모양대로 자른다.
6. 판과 축 등을 이쑤시개를 이용하여 고정한다.
7. 밀가루로 만든 장식용 부분들과 올리브 등을 이용하여 장식을 한다.

* 딱딱한 야채를 자르는 것이므로 칼질에 주의해 주세요.

▶ 토론하기(5분)
◎ 탐구력 키우기
- 균형이 잡힌 시소가 만들어졌니?
- 재료의 질감별로 칼질의 느낌이 어떻게 다르니?
- 고정시키는데 적당한 도구는 무엇이 있을까?

▶ 발전하기(5분)
◎ 이렇게도 해보기
- 놀이터에서 안전수칙을 알아둔다.
- 시소놀이에서 중요한 무게 중심에 대해 안다.

창의적 아동 요리

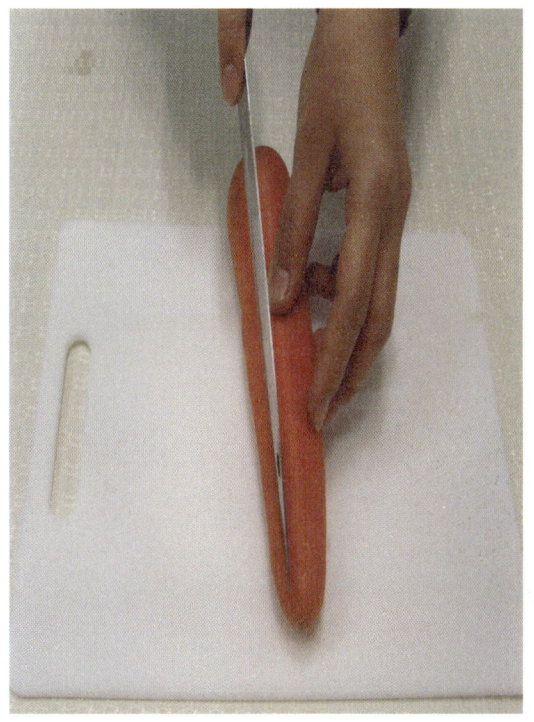

156 **감성지수를 높이는**

28. 숲속의 나라

▶ **주제**
- 창의적 표현력

▶ **활동 목표**
- 자연에 대한 관찰과 관심을 높일 수 있다.
- 눈과 손의 협응력이 길러진다.
- 세밀한 표현을 통해 소근육발달과 집중력이 높아지게 된다.
- 창의성과 독창성을 발달시킨다.

▶ **함께 알아보아요**

☐ 원리

　내가 알고 있는 숲속의 모습과 상상 속 숲속의 풍경을 풍부한 사고력과 창의적인 표현으로 나타낼 수 있다. 자연물들은 조화롭게 잘 어우러져 있는데 이것을 다양한 식재료로 만들어 낼 수 있다. 평소에 지나쳤던 부분들을 만들어 가면서 모양이나 색깔, 냄새까지도 관찰하게 되고 세심하게 표현하게 된다. 세심한 만들기 작업과 입체적 표현은 시각적 발달과 눈과 손의 협응력을 함께 길러준다.

☐ 달걀

　달걀은 '완전 식품'으로 잘 알려져 있다. 그렇게 불리는 이유는 여러 가지 영양소가 골고루 많이 들어있기 때문이다. 달걀의 노른자에는 우리 몸을 만들어 주는 질 좋은 단백질이 있고, 눈과 피부에 좋은 비타민 A, 뼈를 튼튼하게 해주는 비타민 D와 칼슘, 깨끗한 피를 만드는데 필요한 철분이 많이 들어있다. 양질의 단백질과 필수 아미노산이 풍부하게 함유된 달걀은 그래서 완전식품으로도 손색이 없다고 알려진 것이다.
　메추리알도 달걀에 비해 비타민 A는 3배 정도 적지만 비타민 B2는 3배 정도 더 많고, 단백질과 칼슘, 인도 많이 들어 있어 영양면에서 좋다. 좋은 달걀을 고르는 법은 껍질이 까슬한 것이 좋고 구입 즉시 냉장고에 둥근 부분이 위로 오도록 세워두는 것이 신선하게 오래 보관할 수 있는 방법이다.

감성지수를 높이는

▶ **준비 재료**
- 파슬리 10g, 방울토마토 5개, 메추리알 5개, 서양 배 1/2개, 스파게티면 5줄, 완두콩 10알, 팥 3알, 대추 1개, 껍질땅콩 1개, 마요네즈

▶ **준비 도구**
- 가스버너, 냄비, 칼, 도마, 시침핀, 이쑤시개, 큰 접시, 가위, 풀

▶ **참고 자료**
- 숲속 사진이나 그림, 책 등

〈 활동과정 〉

▶ **흥미 끌기(5분)**
◎ 놀이를 이해하기
- 숲의 사진을 보여 준다.
  - 숲에 가 본적이 있니?
  - 숲속에 사는 동물들은 무엇이 있을까?
  - 숲속에 사는 식물들은 무엇이 있을까?

▶ **탐구하기(5분)**
◎ 만드는 방법 찾아내기
- 버섯에 대해 이야기해 보자.
  - 버섯의 종류에는 어떤 것들이 있지?
  - 버섯의 모양과 색은 어떠니?
- 곤충에 대해 이야기해 보자.
  - 숲에서 살고 있는 곤충들은 뭐가 있을까?
  - 곤충을 잡아 본 적이 있니?

▶ **놀이하기(20분)**
◎ 신나게 만들기
- 버섯 만들기
1. 메추리알은 끓는물에 삶는다.

2. 다 삶아진 메추리알은 껍질을 까놓는다.
3. 방울토마토는 깨끗이 씻어 가로로 반 잘라 꼭지부분은 치운다.
4. 메추리알은 아래 부분을 잘라 편평하게 만들어 접시에 놓는다.
5. 그 위에 반 자른 토마토를 얹는다.
6. 토마토 위에 마요네즈를 이쑤시개로 찍어 콕콕 묻혀 준다.

● 곤충
1. 마른 대추에 마른 스파게티면을 사용하여 다리를 만든다.
2. 껍질째인 땅콩에도 다리를 만들어준다.

● 고슴도치
1. 배는 깎아둔다.
2. 깎아놓은 배에 스파게티로 가시처럼 꾸며준다.
3. 팥으로 눈과 코를 만든다.

● 접시에 파슬리로 바닥을 만들어놓고 버섯, 곤충, 고슴도치 등을 놓는다.

▶ 토론하기(5분)
◎ 정밀도 증가시키기
- 버섯 표현하는데 어렵지 않니?
- 어떤 것이 맛있게 생겼니?
- 곤충의 다리 개수는 알고 있니?

▶ 발전하기(5분)
◎ 더 알아보기
- 버섯의 종류를 말해보고 특징을 찾는다.
- 다른 재료들로 만들 수 있는 숲속 친구들을 찾아보자.

160 **감성지수를 높이는**

창의적 아동 요리   161

29. 야채기차

▶ 주제
- 재료의 창의적 표현

▶ 활동 목표
- 토마토를 이용해 기차모형을 만들 수 있다.
- 다양한 조리언어를 통해 어휘력을 키운다.
- 도구를 안전하게 사용하는 법을 배우고 주의한다.
- 창의적으로 만들면서 성취감을 느낀다.

▶ 함께 알아보아요

□ 원리

교통은 우리 생활에 많은 변화를 주고 있으며, 빠르고 편리한 생활을 위하여 교통수단은 계속 발전해 나가고 있다. 아이들도 교통수단의 이용 기회가 많고 관심과 흥미 또한 높으므로 교통수단을 올바르게 이해하고 안전하게 이용하는 법 등을 알려주어야 한다. 교통수단의 종류와 특성을 알고 그것을 주제로 아이들이 쉽게 접할 수 있는 음식으로 만들어 창작과 즐거움을 주는 체험활동으로 즐길 수 있다.

□ 토마토

토마토는 덩굴성 식물이고 줄기에서도 뿌리가 내린다. 토마토는 파란 것보다 빨간 것이 건강에 더 유익하여 빨갛게 익힌 다음에 먹는 것이 좋다. 빨간 토마토엔 리코펜, 베타카로틴 등 몸 안의 나쁜 요소들을 없애는 항산화 물질이 풍부하다. 과일. 채소의 중간적인 특성을 지닌 토마토는 달지 않고 열량이 낮아 비만이나 당뇨병 환자에게도 안성맞춤이다. 토마토는 최적의 비타민C 공급원으로 꼽힌다. 토마토 한 개만 먹어도 비타민의 하루 필요량의 2/3를 충족시킨다. 또한 루틴 성분을 함유하고 있는데 이것은 모세혈관을 튼튼하게 해줘 코피를 자주 흘리는 아이들에게 많이 먹이면 좋다.

▶ 준비 재료
- 토마토 3개, 파프리카 1/4개, 양파 1/4개, 당근 1/2개, 햄 30g, 굴소스 2TS, 올리브유 1T, 블랙 올리브, 소금 약간

▶ 준비 도구
- 칼, 토마토, 가스버너, 프라이팬, 쟁반, 접시, 숟가락, 나무주걱

▶ 참고 자료
- 교통수단 사진, 책 등

〈 활동과정 〉

▶ 흥미 끌기(5분)
◎ 교통수단 사진을 보여 준다.
- 우리가 알고 있는 교통수단에는 뭐가 있을까?
- 바다 위로 다니는 교통수단에는 뭐가 있니?
- 물로 다니는 교통수단에는 뭐가 있니?
- 땅 위로 다니는 교통수단에는 뭐가 있니?

▶ 탐구하기(5분)
◎ 만드는 방법 찾아내기
- 토마토를 보여 준다.
  - 이것은 무엇이니?
  - 토마토로 어떤 음식을 만들 수 있을까?
- 음식은 어디에 담지?
  - 용기가 될 수 있는 것으로는 무엇이 있을까?
  - 그릇으로 사용된 것들을 먹는다면 어떨까?

▶ 놀이하기(20분)
◎ 신나게 만들기
1. 준비된 당근의 반을 0.3cm 두께로 원통썰기를 한다.
2. 블랙 올리브도 슬라이스를 한다.
3. 파프리카, 양파, 당근, 햄은 0.5cm로 잘게 다진다.
4. 토마토는 윗부분을 잘라서 두고 속을 파낸다.
5. 올리브유를 살짝 두른 팬에 야채를 소금을 약간 넣어 볶는다.
6. 햄은 그냥 살짝 볶는다.
7. 볶은 재료에 밥을 넣고 잘 섞은 후 굴소스를 넣어 볶아준다.

8. 다 볶아진 밥을 속을 파놓은 토마토에 채워 넣는다.
9. 담아진 토마토 볶음밥에 잘라두었던 토마토 윗 뚜껑 부분을 살짝 얹어둔다.
10. 당근과 올리브로 바퀴를 만들어준다.

   * 칼질에 주의해 주세요.

▶ 토론하기(5분)
◎ 정밀도 증가시키기
- 토마토의 속을 파낼 때의 느낌이 어때?
- 토마토의 냄새는 어때?
- 기차에서 표현하고 싶은 부분은 어디니?
- 누가 만든 기차의 모습이 멋있는지 구경해 볼까?

▶ 발전하기(5분)
◎ 이런 것도 알아보기
- 미래의 교통수단에 대해 이야기해 본다.
- 기차모형을 만들 수 있는 재료에는 또 뭐가 있을까?
- 활동지에 그림으로 정리한다.

창의적 아동 요리   165

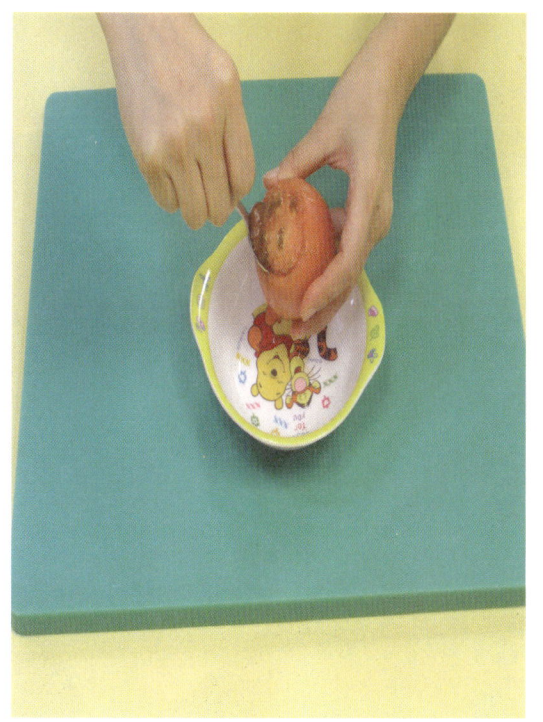

166 **감성지수를 높이는**

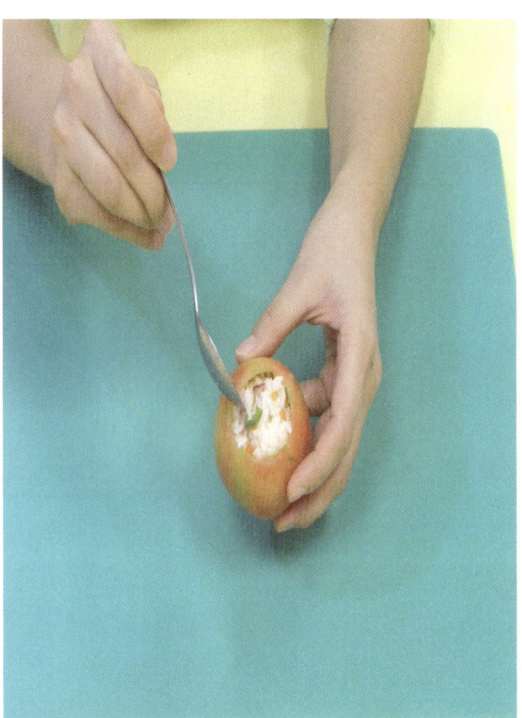

창의적 아동 요리   167

30. 자동차 만들기

▶ **주제**
- 조형활동을 통한 창의력 표현

▶ **활동 목표**
- 야채를 활용한 조형활동을 한다.
- 형태를 조립하면서 인지능력을 키운다.
- 재료 활용능력을 기른다.
- 창의력이 발달된다.

▶ **함께 알아보아요**

□ 원리

　자동차에 대한 호기심과 관심은 요즘의 아이들에게 매우 효과적인 미술활동의 주제가 될 수 있다. 일상생활에서 늘 접하는 것이기는 하나 아이들이 쉽게 접근하기 힘든 자동차라는 것을 식재료를 이용하여 만든다는 것은 아이들에게 재미와 흥미를 주기에 충분하다. 자동차에 대해 알고 있는 것과 상상하는 것 등의 생각으로 결과물을 만드는 것이다. 자신의 생각과 느낌을 담은 멋지고도 독특한 조형물로 만들 수 있고, 창의성과 조작성이 고루 발달될 수 있다.

□ 감자

　여러해살이풀로 땅속 줄기의 각 마디에서 가는 줄기가 나와 그 끝이 비대해져 덩이줄기가 형성된다. 주로 봄에 심어 덩이줄기를 여름에 수확하는데, 지역에 따라서는 여름에 심어 가을에 수확하기도 한다. 재배하는 데는 비교적 한랭한 지역의 배수가 잘 되는 밭이 적당하다. 감자의 주성분은 녹말이며 적은 양의 단백질도 질이 월등하고 비타민 C가 많아 감기를 예방, 간해독 등을 해준다. 칼슘과 철분은 비타민 C와 함께 몸에 흡수되어 피를 만드는 작용을 하여 빈혈 예방과 치료에 큰 도움이 된다. 덩이줄기의 싹이 돋는 부분은 솔라닌이라는 독성성분이 있으므로 싹이 나거나 빛이 푸르게 변한 감자는 많이 먹지 않도록 주의해야 한다.

▶ **준비 재료**
- 감자(큰 것, 작은 것), 방울 토마토, 올리브

감성지수를 높이는

▶ **준비 도구**
- 칼, 도마, 이쑤시개, 접시

▶ **참고 자료**
- 자동차 사진, 책 등

〈 활동과정 〉

▶ **흥미 끌기(5분)**

◎ 사물 이해하기
- 자동차 사진을 여러 장 보여 준다.
  - 자동차의 모양에 대해 이야기한다.
  - 자동차가 있어서 어떤 점이 좋을까?
  - 혹시 동그랗거나 세모 모양의 자동차를 본 적이 있니?
  - 내가 자동차를 만든다면 어떤 자동차를 만들고 싶니?

▶ **탐구하기(5분)**

◎ 놀이 법 찾아내기
- 감자를 보여 준다.
- 감자의 여러 모양에 대해 이야기한다.
- 크기를 비교하고 쓰임에 대해 이야기한다.
- 비슷한 재료에는 뭐가 있을까?

▶ **놀이하기(20분)**

◎ 신나게 만들기
1. 감자는 물에 깨끗이 씻어 물기를 없애 준다.
2. 방울 토마토도 씻어서 준비한다.
3. 자신이 원하는 모양의 자동차를 종이에 그린다.
4. 중심의 몸체에 해당하는 부분의 감자를 큰 사이즈로 정한다.
5. 나머지 바퀴에 사용될 작은 사이즈의 감자를 고른다.
6. 작은 사이즈의 감자는 원형의 모양을 살리면서 1cm 두께로 납작하게 썬다.
7. 썰어놓은 감자의 가운데 부분을 방울토마토 지름보다 좀더 크게 뚫는다.
8. 방울토마토는 꼭지부분을 살려서 가로로 잘라둔다.

창의적 아동 요리

9. 감자의 뚫린 부분에 이쑤시개를 이용하여 방울토마토로 바퀴를 장식한다.
10. 몸체와 바퀴를 연결한다.
11. 나머지 필요한 부분들은 장식을 하거나 깎아 내어 꾸며준다.

* 딱딱한 야채를 자르는 것이므로 칼질에 주의해 주세요.

▶ 토론하기(5분)

◎ 창의력 높이기
- 자동차의 형태가 잘 만들어지니?
- 바퀴모양이 동그랗지 않고 다른 모양이면 어떨까?
  - 왜 그런 모양의 자동차는 없는 걸까?
- 익은 감자와 생 감자의 질감 차이를 느끼니?

▶ 발전하기(5분)

◎ 놀이 재료 활용하기
- 자동차가 아닌 다른 것도 만들 수 있는지 생각한다.
- 색을 칠해주고 싶다면 어떤 재료를 이용할까?
- 만들기가 끝나면 자신이 만든 자동차에 대해 설명해 본다.

170　감성지수를 높이는

창의적 아동 요리   171

31. 꿈의 세계

▶ **주제**
- 재료를 이용한 다양한 질감 표현

▶ **활동 목표**
- 자신의 꿈에 대해 안다.
- 색에 대한 인지능력을 키운다.
- 여러 직업에 대해 안다.
- 창조적 표현을 길러준다.

▶ **함께 알아보아요**

☐ 원리
아이들은 자기가 현재 흥미로워하거나 동경하는 것에 대해 이루고 싶고 되고 싶다는 막연한 희망을 품게 된다. 또한 자신의 다양한 생각이나 꿈을 구체적으로 표현할 수 있다. 미술에서의 색칠활동에서처럼 여러 가지 색이나 느낌이 다른 소스를 이용하여 채색의 효과를 내고 물을 이용한 농도 조절, 색의 혼합 등 표현이 가능하다. 창의성과 논리성 또한 충분히 길러질 수 있다.

☐ 또띠아
또띠아는 밀가루나 옥수수 전분을 이용해서 만든 밀전병이다. 멕시코식 옥수수 빈대떡이라고 알려져 있기도 하다. 프랑스의 크레페나 터키의 케밥처럼 밀가루나 전분을 이용해서 싸먹는 요리인데 멕시코에는 이것을 이용한 요리가 아주 많이 발전되어 있다. 또띠아는 그대로 먹지는 않고 야채나 고기를 넣어서 말아 먹는다. 또띠아에 야채나 닭고기, 해산물, 치즈 등을 넣어서 먹는 타코나 화지타 등이 있다.

▶ **준비 재료**
- 또띠아(큰 사이즈), 케첩, 머스터드, 간장, 고추 기름, 굴 소스 등

▶ **준비 도구**
- 붓, 컵, 파레트

▶ **참고 자료**
- 직업에 대한 사진 자료

〈 활동과정 〉

▶ 흥미 끌기(5분)
◎ 주의 집중시키기
- 직업을 나타내는 사진을 보여 준다.
    - 이 사진 속 사람들의 직업을 알 수 있니?
    - 어떤 일들을 하는지 아니?
    - 이 중에 되고 싶은 직업이 있니?
- 장래희망이 있니? 이유는 무엇이니?

▶ 탐구하기(5분)
◎ 놀이 법 찾아내기
- 덜어놓은 소스들을 보여 준다.
    - 각각 맛을 보고 느낀 맛을 이야기해 보자.
    - 소스들을 만져보고 촉각의 느낌을 이야기해 보자.

▶ 놀이하기(20분)
◎ 신나게 그리기
1. 큰 접시 위에 또띠아를 펼친다.
2. 파레트에 소스들을 종류별로 덜어놓는다.
3. 내가 화가가 되어 원하는 그림을 그리듯이 또띠아에 그려본다.
4. 다 그려졌으면 완성품을 두고 이야기한다.

▶ 토론하기(5분)
◎ 탐구력 키우기
- 농도를 조절하는 방법은 무엇이 있을까?
- 서로 다른 색을 섞으면 어떻게 변하니?
- 다른 종류의 소스를 섞었을 때 어떻게 변하니?

▶ 발전하기(5분)
◎ 이렇게도 해보기
- 나의 꿈과 장래희망에 대해 이야기한다.
- 나의 꿈을 이루기 위해 할 일은 무엇인지 구체적으로 말해보자.
- 쿠킹 플레이 일기를 작성한다.

174 감성지수를 높이는

창의적 아동 요리

32. 과수원에 가요

▶ **주제**
- 자연의 아름다움 - 제철 과일 알아보기

▶ **활동 목표**
- 과수원에 대해 알 수 있다.
- 제철 과일을 알고, 계절별로 분류할 수 있다.
- 젤라틴에 대해 알 수 있다.

▶ **함께 알아보아요**

☐ 과수원
　과실나무를 심은 밭으로 흔히 먹을 수 있는 열매를 얻기 위하여 사과나무, 배나무, 감나무, 밤나무, 대추나무, 귤나무 따위를 가꾼다. 과수재배의 목적은 품질 좋은 과실을 해마다 많이 생산하여 경제적으로 수익을 올리는 데 있다. 품질 좋은 상품을 많이 생산하기 위해서는 울타리를 쳐서 사람과 가축의 피해와 기상재해를 막아야 하며, 재식된 나무의 건전한 발육과 결실, 그리고 알찬 수확을 위해서는 철저한 토양관리, 합리적인 시비, 알맞은 결실관리, 병해·충해의 방제 등의 작업을 집약적으로 실시해야 한다.

☐ 대표적인 제철과일
　봄 - 앵두, 딸기, 키위
　여름 - 참외, 수박, 자두, 복숭아
　가을 - 포도, 감, 배, 사과, 대추, 밤
　겨울 - 귤, 오렌지
　[제철과일의 좋은 점]
　　- 계절에 알맞게 수확한 과일은 제철이 아닌 과일보다 영양소, 특히 비타민 C가 많이 들어있다.
　　- 맛과 씹는 질감이 좋다.
　　- 많은 양이 생산되므로 값이 싸다.

☐ 젤라틴
　젤라틴은 한천과 함께 제과, 제빵에서 쓰이는 겔화제(응고제)다.

동물의 연골, 힘줄, 가죽 등을 구성하는 단백질인 콜라겐을 더운 물로 처리할 때 얻어지는 단백질의 하나로 응고제로 사용하며 찬물에는 팽창만 하지만 더운 물에 녹으면서 액체가 되고 그 액체가 굳으면서 탄성있는 겔(고체)이 된다.

▶ 준비 재료
- 제철 과일, 판 젤라틴 1장, 설탕 2큰술.

▶ 준비 도구
- 냄비, 나무주걱, 볼, 푸딩 담는 용기, 플라스틱 칼, 볼 스푼, 투명 볼

▶ 참고 자료
- 과수원 사진, 과일 사진, 자연도감 등

〈 활동과정 〉

▶ 흥미 끌기(5분)
◎ 놀이를 이해하기
- 좋아하는 과일이 무엇인지 이야기한다.
- 좋아하는 과일을 그려본다.
- 과수원 방문의 경험을 이야기한다.

▶ 탐구하기(5분)
◎ 만드는 방법 찾아 내기
- 무엇이 과일즙(액체)을 젤리(고체)로 변화시키는지 이야기한다.
- 과일 모양에 대해 이야기한다.
- 과일 바구니에 넣고 싶은 과일에 대해 이야기한다.

▶ 놀이하기(20분)
◎ 신나게 미술 놀이하기(놀기, 두드리기, 자르기, 붙이기, 그리기)
1. 과일을 갈아 즙을 만든다(과일 주스를 사용해도 좋다.).

2. 불려 놓은 젤라틴을 끓는 물에 녹인다.
3. 갈아놓은 과일즙과 분량의 설탕을 넣고 알갱이가 생기지 않게 잘 녹여 섞는다.
4. 용기에 담아 상온과 저온에서 굳힌다.
5. 다 굳으면 젤리를 원하는 모양대로 자른다.
6. 한 곳에 모아 과일 바구니를 완성한다.
7. 포도송이, 딸기, 사과, 파인애플.

▶ **토론하기(5분)**

◎ 원리 발견하기
- 과일을 그룹 별로 나누어 본다.
    - 하우스에서 재배하는 과일은 무엇일까?
    - 과수원에서 재배하는 과일은 무엇일까?
- 푸딩에 대해 이야기한다.
- 누구의 것이 제일 과일과 비슷할까?

▶ **발전하기(5분)**

◎ 놀이 재료 활용하기
- 과일은 모양을 살려 자르고, 우유를 넣어 과일 우유 푸딩을 만든다.
- 쿠킹 다이어리를 작성한다.

창의적 아동 요리

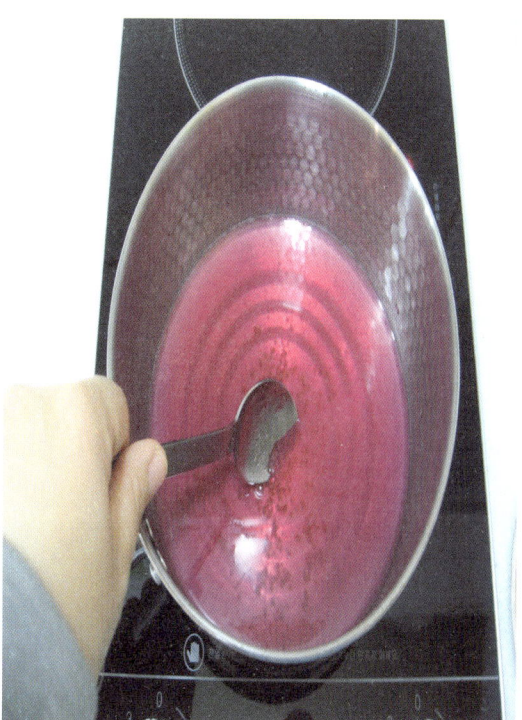

감성지수를 높이는

33. 야채쌈으로 만든 우리 가족의 표정

▶ **주제**
- 표정과 느낌 - 맛의 표정- 표정의 맛

▶ **활동 목표**
- 얼굴의 표정을 언어로 표현할 수 있다.
- 얼굴의 표정을 꾸며볼 수 있다.
- 세계 인종에 대해 알 수 있다.

▶ **함께 알아보아요**

☐ 세계 인종

☐ 각종 얼굴 표정

▶ **준비 재료**
- 여러 종류의 쌈야채, 당근 1/4개, 오이 1/4개, 파프리카 1/2개, 감자 1/2개

▶ **준비 도구**
- 도마, 칼, 접시

▶ **참고 자료**
- 여러 가지 얼굴 표정 사진

〈 활동과정 〉

▶ **흥미 끌기(5분)**
◎ 놀이를 이해하기
- 엄마의 웃는 얼굴을 떠올려 본다.
- 슬플 때는 어떤 표정을 지을까?
- 화가 났을 때는 어떤 표정을 지을까?

▶ **탐구하기(5분)**
◎ 만드는 방법 찾아내기
- 야채가 몸에 좋은 이유에 대해 이야기한다.
- 무엇으로 눈, 코, 입을 만들 것인지 생각한다.
- 표정은 어떻게 표현하는지 구상해 본다.

▶ **놀이하기(20분)**
◎ 신나게 미술 놀이하기(놀기, 두드리기, 자르기, 붙이기, 그리기)
1. 미리 쌈 야채를 깨끗이 씻어 물기가 남지 않게 건져 놓는다.
2. 오이와 당근도 원하는 모양 크기대로 자른다.
3. 파프리카의 모양을 보고 특징을 살려 자른다.
4. 쌈 야채를 접시에 담아 얼굴 판을 만든다.
5. 야채 위에 소스를 적당히 섞어 피부색을 표현하면서 뿌려준다.
6. 나머지 야채를 이용하여 얼굴의 모양을 만든다.

▶ **토론하기(5분)**

◎ 원리 발견하기
- 동물들도 표정이 있을까? 있다면 강아지는 어떻게 웃을까? 따라해 본다.
- 어느 표정이 더 좋을까?

▶ **발전하기(5분)**

◎ 놀이 재료 활용하기
- 거울을 보면서 자신의 표정을 보고 반복해서 웃어준다.
- 쿠킹 다이어리를 작성한다.

184 감성지수를 높이는

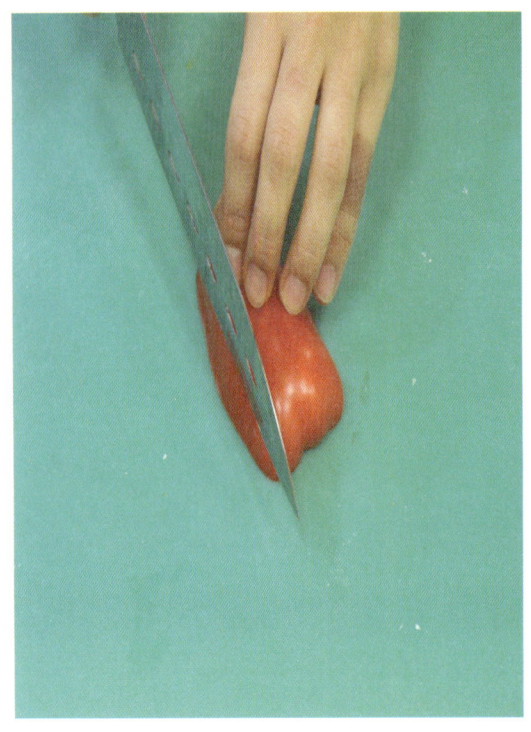
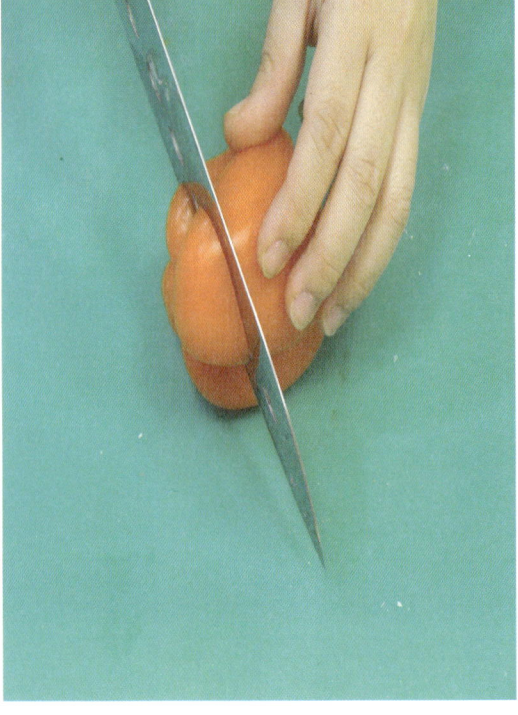

창의적 아동 요리

34. 여러 가지 탈것

▶ **주제**
- 움직이는 놀잇감 - 여러 가지 탈것

▶ **활동 목표**
- 교통수단의 발달을 알 수 있다.
- 여러 가지 탈것의 모양을 알 수 있다.
- 여러 가지 탈것의 모양을 표현할 수 있다.

▶ **함께 알아보아요**

☐ 교통수단의 발달
　도보 - 가마 - 말 - 삼륜자동차 - 시발자동차 - 오늘날의 자동차

☐ 철도 교통수단의 발달
　증기기차 - 디젤기차 - 전철, 고속철도

☐ 해상 교통수단의 발달
　뗏목 - 돛단배 - 증기선 - 디젤기관선 - 유람선

☐ 항공 교통수단의 발달
　열기구 - 라이트형제의 비행기 - 프로펠러 비행기 - 여객기 - 전투기

☐ 헬리콥터의 원리
　헬리콥터의 전진비행, 후진비행, 옆으로 비행을 위해서는 로터가 비행을 원하는 방향으로 기울어져야 한다. 전진비행을 할 때 로터는 앞쪽으로 기울어진다. 로터 기울기에 직각방향으로 작용되는 합력은 수직방향인 양력과 수평방향인 추력으로 분해되어 수직이륙과 전진비행이 가능하다. 무동력 비행체인 글라이더는 떨어지는 중력에 의존해 비행한다면, 반대로 헬리콥터는 상승하려는 합력에 의하여 비행하는 것이다. 마찬가지로

후진 비행시에는 로터를 뒤쪽으로 기울인다. 헬리콥터가 제자리에서 비행하는 것을 호버링(hovering)이라고 한다. 바람이 불지 않는 상태에서 로터의 기울기가 수평상태를 유지하면, 헬리콥터의 양력과 추력의 합력이 중력과 항력의 합계와 같게 되어 제자리 비행이 가능하다.

▶ **준비 재료**
- 공작: 감자, 당근, 오이, 연근 등의 각종 야채

▶ **준비 도구**
- 이쑤시개, 야채를 다듬을 조각 칼

▶ **참고 자료**
- 자동차, 헬리콥터, 배 사진

〈 활동과정 〉

▶ **흥미 끌기(5분)**
◎ 놀이를 이해하기
- 옛날 교통수단의 사진을 보여 준다.
- 현재의 교통수단의 사진을 보여 준다.

▶ **탐구하기(5분)**
◎ 만드는 방법 찾아내기
- 야채의 모양과 단면을 알아본다.
- 야채의 모양을 보면서 공작할 교통수단의 모양을 구상한다.

▶ **놀이하기(20분)**
◎ 신나게 미술 놀이하기(놀기, 두드리기, 자르기, 붙이기, 그리기)
1. 감자와 당근을 깨끗이 씻어 찜통에서 쪄낸다.
2. 감자로 헬리콥터의 몸통을 만든다.

3. 오이 당근을 이용하여 꼬리와 다리를 만든다.

4. 연근을 잘라 프로펠러를 표현한다.

▶ **토론하기(5분)**

◎ 원리 발견하기
- 공작한 탈것은 어떠한 것인지 이야기한다.
- 미래에는 어떠한 교통수단이 발달할까?

▶ **발전하기(5분)**

◎ 놀이 재료 활용하기
- 미래의 교통수단은 어떻게 변할지 생각해보고 만들어본다.
- 쿠킹 다이어리를 작성한다.

창의적 아동 요리

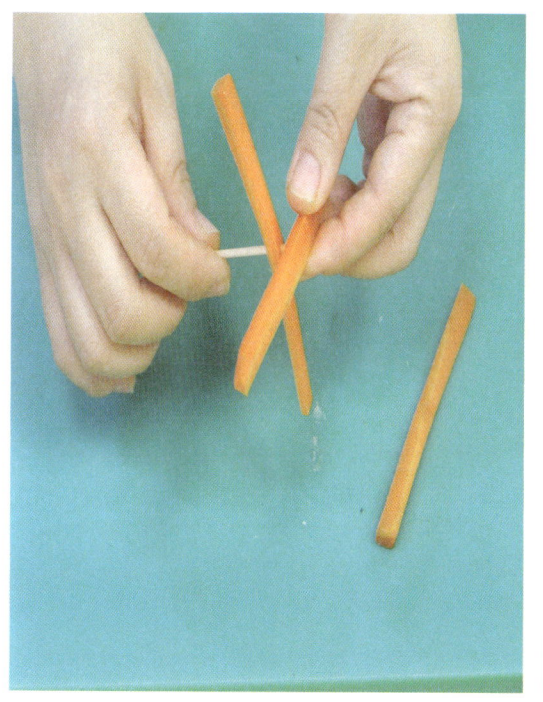
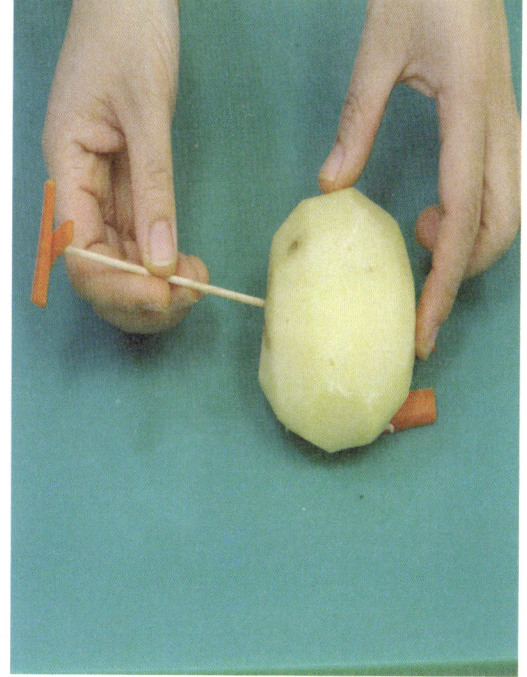

190　감성지수를 높이는

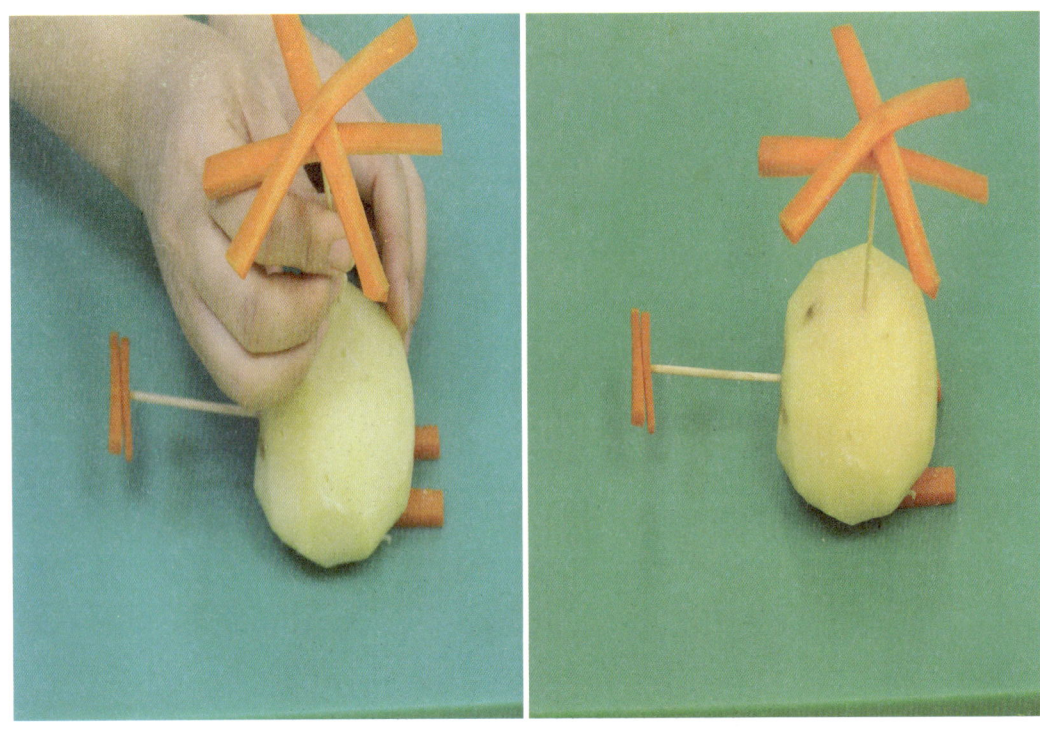

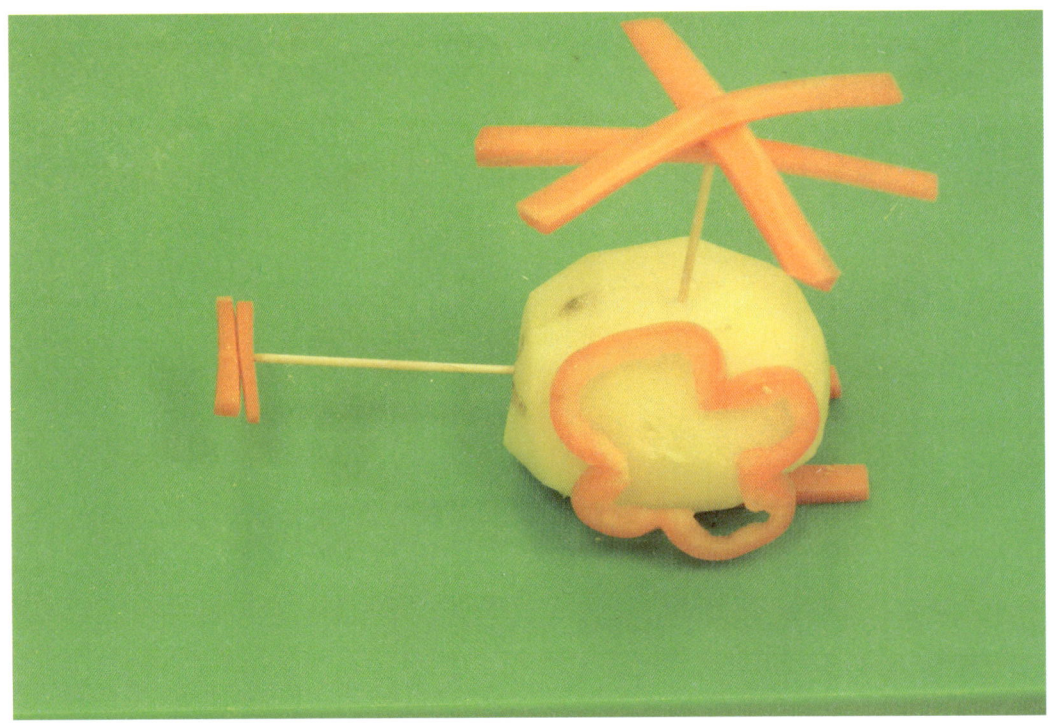

창의적 아동 요리

35. 특별한 초대장

▶ 주제
- 문자와 초대장 - 특별한 초대장

▶ 활동 목표
- 각 나라의 문자를 알 수 있다.
- 초대의 글귀를 만들 수 있다.
- 글자 쿠키를 만들 수 있다.

▶ 함께 알아보아요

□ 문자란?
말이나 소리를 눈으로 볼 수 있도록 적기 위한 일정한 체제의 부호. 넓은 의미로는 시각적 기호를 통하여 인간 상호간의 의사소통을 하기 위한 관습적·규약적 체계를 말한다. 인간의 1차적인 의사소통 방식을 언어(입말)라고 하면 문자는 2차적인 의사소통 방식이다.

□ 문자의 종류
회화문자: 그림으로써 언어의 내용을 뭉뚱그려 나타내는 문자.
표의문자: 단어의 뜻을 다소 상징적인 방법의 기호로 표시한 문자.
표음문자: 알파벳 문자와 같이 단어의 요소나 소리를 추상적인 기호로 나타내는 문자.

□ 초대장
어떤 자리나 모임에 초대하는 뜻을 적어서 보내는 편지

▶ 준비 재료
- 공작: 버터 180g, 설탕 180g, 박력분 150g, 아몬드가루 60g, 소금 5g, 달걀 3개, 베이킹 파우더 7.5g

▶ 준비 도구
- 볼, 밀대, 채, 글자 쿠키틀

〈 활동과정 〉

▶ **흥미 끌기(5분)**

◎ 놀이를 이해하기
- 여러 상형문자에 대하여 이야기한다.
- 우리나라의 문자에 대해 생각해 본다.

▶ **탐구하기(5분)**

◎ 놀이 법을 찾아내기
- 초대장의 문구를 생각한다.

▶ **놀이하기(20분)**

◎ 신나게 미술 놀이하기(놀기, 두드리기, 자르기, 붙이기, 그리기)
1. 반죽하기: 손으로 으깨가며 버터를 부드럽게 푼 다음 설탕과 소금을 넣고 부드럽게 주물러 주면서 달걀을 서서히 섞는다.
2. 달걀은 한꺼번에 넣어 섞지 말고 하나씩 넣고 풀어가며 넣는다.
3. 체로 쳐서 내린 박력분, 아몬드 가루, 베이킹 파우더를 다 넣은 후 한 번에 살짝 섞는다. 밀가루를 넣은 후 너무 오래 반죽하면 글루텐이 형성되어 쿠키가 딱딱해 질 수 있다.
4. 쿠키 모양내기: 반죽을 밀대로 밀어서 원하는 글자를 찍는다.
5. 구워내기:170~180℃의 오븐에서 10~15분간 갈색으로 구워낸다.
6. 초대장 만들기: 모음과 자음을 이용하여 초대의 글을 만든다.

▶ **토론하기(5분)**

◎ 원리 발견하기
- 누구를 초대하여 어떠한 파티를 할 것인지를 토론한다.

▶ **발전하기(5분)**

◎ 놀이 재료 활용하기(조리 방법 바꾸어 보기, 요리 재료 바꾸어 보기, 이렇게도 해보기)
- 글자들을 실에 꿰어 장식한다.
- 글자에 장식을 하며 꾸며본다.
- 쿠킹 다이어리를 작성한다.

창의적 아동 요리

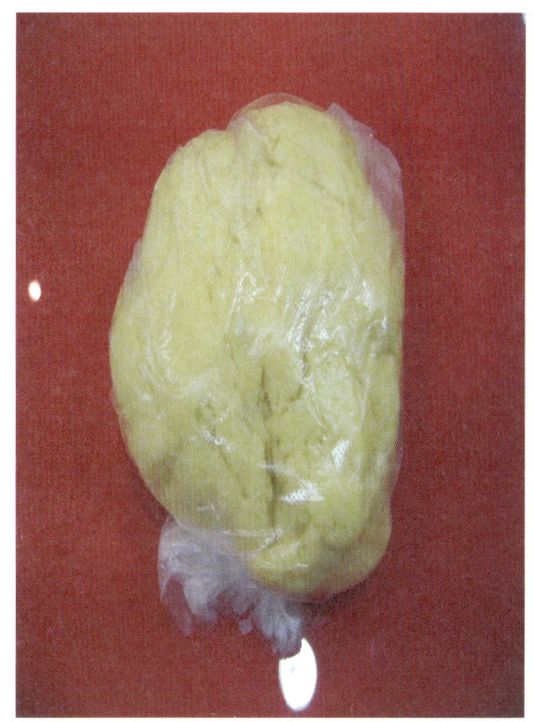

감성지수를 높이는

36. 바게트 비단신

▶ **주제**
- 우리나라 전통의 의상과 장신구 감상하기

▶ **활동 목표**
- 우리 고유의 전통의상과 장신구를 표현할 수 있다.
- 공작활동을 통해서 자연스럽게 전통 미의식을 감지할 수 있다.

▶ **함께 알아보아요**
☐ 전통의상과 장신구의 종류 알아보기
- 전통의상(바지, 치마, 저고리, 두루마기, 도포, 마고자 등)

- 전통장신구(삿갓, 사모, 복건, 흑립, 탕건, 댕기, 너울, 조바위, 남바위, 족두리, 노리개, 비녀, 복주머니 등)

- 전통신발(짚신, 나막신, 비단신, 가죽신 등)

▶ **준비 재료**
- 바게트 빵 2개, 초코펜 색깔별로 1개씩

▶ **준비 도구**
- 빵칼

▶ **참고 자료**
- 국립중앙 박물관(http://www.museum.go.kr)

〈 활동과정 〉

▶ **흥미 끌기(5분)**
◎ 놀이를 이해하기
- 전통의상과 전통장신구의 사진을 보면서 감상한다.

▶ **탐구하기(5분)**
◎ 만드는 방법 찾아내기
- 사진을 보고 만들 것을 그려본다.
- 비단신의 모습을 먼저 꾸며본다.

▶ **놀이하기(20분)**
◎ 신나게 미술 놀이하기(놀기, 두드리기, 자르기, 붙이기, 그리기)
1. 바게트의 위쪽을 신발 모양으로 자른다.
2. 바게트 속을 꺼내서 신발 모양을 완성한다.
3. 초코펜을 이용해서 신발을 장식한다.

▶ **토론하기(5분)**
◎ 원리 발견하기
- 서로의 작품을 감상하면서 전통미의 아름다움에 대해서 토론해 본다.

▶ **발전하기(5분)**
◎ 놀이 재료 활용하기
- 나막신, 고무신도 만들어 본다.
- 다른 장신구도 구상해 본다.
- 쿠킹 다이어리를 작성한다.

198 **감성지수를 높이는**

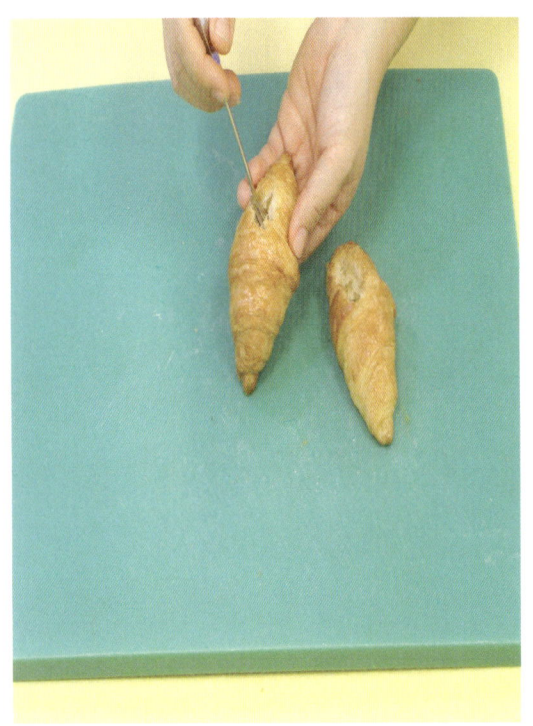

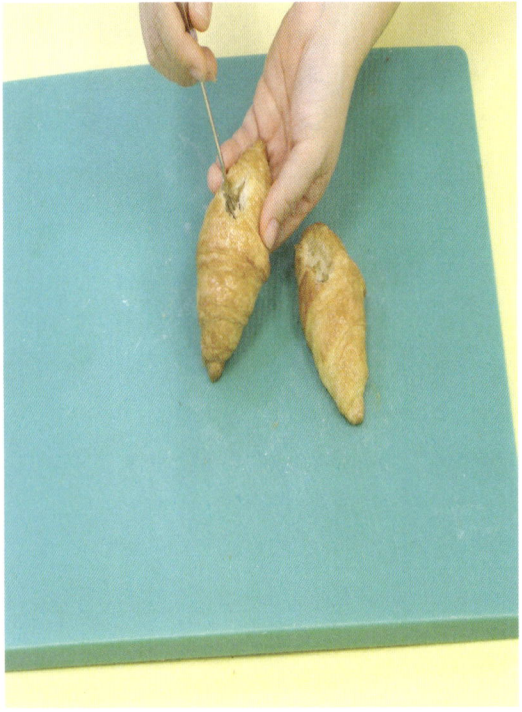

창의적 아동 요리   199

37. 과자로 만드는 빌딩

▶ 주제
- 움직이는 선과 형 - 과자로 만드는 빌딩

▶ 활동 목표
- 점, 선, 면, 입체의 개념을 알고 구별할 수 있다.
- 평면에서 입체가 되는 것을 표현할 수 있다.
- 빌딩의 모양을 구상해 볼 수 있다.

▶ 함께 알아 보아요

☐ 점

선과 면을 이루는 가장 기본 단위이다. 점의 크기와 위치는 있고 방향은 없다.

☐ 선

모든 조형의 기초이며 대상의 윤곽이나 덩어리(형태)를 나타낸다.
여러 가지 감정을 선으로 표현할 수 있다.
 - 선의 종류
직선: 일정한 방향으로 진행될 때 생기는 선. 직선과 사선 등.
곡선: 진행 방향의 변화로 생기는 선. 곡선, 원, 원호 등.
무기적인 선: 직선과 사선 등으로 구성되는 기계적이고 기하학적인 선.
유기적인 선: 물체의 전체나 외부모양을 나타내는 자유로운 선.

☐ 면

면에서는 입체감을 느낄 수 없으나 면이 모이면 입체를 이룬다. 면의 기본은 원, 삼각형, 사각형 등이 있다.
 - 면의 느낌
직선적인 면: 남성적, 신뢰감, 안정감, 직접적인 느낌을 준다.
기하학적인 면: 불안정, 기계적, 추상적인 느낌을 준다.

유기적인 면: 자유스러움, 활발한 느낌을 준다.
평면: 기본이 되는 단순한 면으로 간결한 느낌을 준다.
곡면: 단곡면과 복곡면으로 나뉘며 부드러움, 동적인 느낌을 준다.

☐ 입체
면이 직각 또는 비스듬하게 이동해 3차원적인 입체 모양으로 볼륨감을 가지게 된 것

▶ 준비 재료
- 공작: 각종 과자, 땅콩 잼

▶ 준비 도구
- 그릇 3개

▶ 참고 자료
- 서울 시내 건물 사진들

〈 활동과정 〉

▶ 흥미 끌기(5분)
◎ 놀이를 이해하기(사물 이해하기, 주의 집중시키기)
- 각종 점, 선, 면의 사진을 보여 준다.
- 점을 여러 개 찍어서 선을 만들어 본다.

▶ 탐구하기(5분)
◎ 만드는 방법 찾아내기
- 점이 어떻게 선이 될까?
- 면은 어떻게 입체가 될까?
  (같은 모양의 색종이를 풀을 붙여가면서 겹겹이 쌓아본다.)

▶ 놀이하기(20분)

◎ 신나게 미술 놀이하기(놀기, 두드리기, 자르기, 붙이기, 그리기)
1. 빌딩 사진들을 보고 만들 건물을 그려본다.
2. 과자들을 쌓으면서 사이사이에 땅콩 잼을 바른다.
3. 잼의 점성을 이용하여 가장 윗층을 돌아가게도 만든다.
4. 원모양의 과자를 가지고도 장식한다.

▶ 토론하기(5분)

◎ 원리 발견하기
  (탐구력 키우기, 창의력 높이기, 감성 키우기, 오감 만족하기, 협응력 키우기, 정밀도 증가시키기)
- 점은 무엇일까?
- 선은 무엇일까?
- 점과 선을 이용해 만들 수 있는 것은 무엇이 있을까?
- 빌딩들은 어떻게 만들어질까?

▶ 발전하기(5분)

◎ 놀이 재료 활용하기(조리 방법 바꾸어 보기, 요리 재료 바꾸어 보기, 이렇게도 해보기)
- 여러 사람이 만든 빌딩을 모아서 거리를 조성해 본다.
- 쿠킹 다이어리를 작성한다.

창의적 아동 요리

감성지수를 높이는

창의적 아동 요리   205

38. 얼굴 오므라이스

▶ **주제**
- 조형물의 아름다움

▶ **활동 목표**
- 조형에 대해서 이야기할 수 있다.
- 조형의 기본요소를 알고, 조형활동을 할 수 있다.
- 눈, 코, 입 등의 신체를 표현할 수 있다.

▶ **함께 알아보아요**

☐ 조형이란?
　여러 가지 재료를 이용하여 구체적인 형태나 형상을 만듦.

☐ 조형활동이란?
　그림이나 조각·건축 등과 같이, 물질적 재료를 가지고 유형적인 미를 나타내어 시각에 호소하는 예술을 통틀어 이르는 말. 조형 미술. 공간 예술.
　각종 재료를 사용하여 공간에 형태를 만드는 예술.

☐ 조형의 기본요소
　- 점: 선과 면을 이루는 가장 기본 단위이다.
　- 선: 모든 조형의 기초이며 대상의 윤곽이나 덩어리를 나타낸다. 선의 강약, 굵기, 길이, 속도 등에 따라 작가의 개성이나 감정을 표현할 수 있다.
　- 면: 면에서는 입체감을 느낄 수 없으나 면이 모이면 입체를 이루며, 면의 기본은 원, 삼각형, 사각형 등
　- 재질감: 물체의 표면에서 시각적으로, 또는 만져 보아서 느껴지는 재질의 느낌이다.

☐ 조형원리란?
　조형 작업에서 조형요소(재료)들을 어떻게 배합하고 다룰 것인가 하는 방법의 문제, 바로 그것이 조형원리이다.

□ 조형원리는 비례, 균형, 조화 등을 말한다.

▶ **준비 재료**
- 공작: 밥 1/2공기, 감자 1/4개, 양파 중간 크기 1/4개, 브로콜리, 스팸, 굴소스 1큰술, 달걀 2개, 소금, 후추, 깨소금
  〈소스〉 스테이크소스 2큰술, 굴소스 1큰술, 케첩 1큰술, 우유 반컵

▶ **준비 도구**
- 프라이팬, 나무주걱, 접시, 주방용 비닐 장갑, 볼, 붓

▶ **참고 자료**
- 얼굴 조형물 사진 자료

〈 활동과정 〉

▶ **흥미 끌기(5분)**
◎ 놀이를 이해하기(사물 이해하기, 주의 집중시키기)
- 공원에 있는 얼굴 조형물 사진을 보여 준다.
- 조형물이 어떻게 만들어질까?

▶ **탐구하기(5분)**
◎ 만드는 방법 찾아내기
- 옆의 짝꿍의 얼굴을 관찰하고 특징을 이야기한다.
- 무엇을 만들지 구상한다.

▶ **놀이하기(20분)**
◎ 신나게 미술 놀이하기(놀기, 두드리기, 자르기, 붙이기, 그리기)
1. 브로컬리는 끓는 물에 데쳐 찬물에 건져낸다.
2. 다른 재료들은 잘게 다져둔다.

3. 야채를 먼저 볶고, 밥을 넣은 후 한 번 더 볶아준다.
4. 밥이 약간 식으면 접시에 담아 구상한 대로 모양을 잡는다.
5. 밥 위에 달걀 푼 것을 발라준다.
6. 180°C 오븐에 달걀이 익을 정도로만 넣어 익혀준다.
7. 소스를 뿌려준다.

▶ **토론하기(5분)**

◎ 원리 발견하기(탐구력 키우기, 창의력 키우기, 오감 만족하기, 협응력 키우기, 정밀도 증가시키기)
- 얼굴의 모양은 어떻게 생겼을까?
- 내 얼굴의 특징은 무엇일까?
- 누구의 얼굴이 제일 비슷할까?

▶ **발전하기(5분)**

◎ 놀이 재료 활용하기(조리 방법 바꾸어 보기, 요리 재료 바꾸어 보기, 이렇게도 해보기)
- 손 모양, 발 모양도 만들어 본다.
- 작은 주먹밥 얼굴을 만들어 본다.
- 쿠킹 다이어리를 작성한다.

창의적 아동 요리   209

# 210 감성지수를 높이는

창의적 아동 요리 211

39. 쿠키로 물고기 만들기

▶ **주제**
- 바닷 속을 재미있게 표현하기

▶ **활동 목표**
- 상상을 하고 표현할 수 있다.
- 식재료를 가지고 상상 작품을 만들 수 있다.
- 바닷 속 물고기들을 상상하여 표현할 수 있다.

▶ **함께 알아보아요**

☐ 상상이란?

과거의 경험으로 얻어진 심상(心像)을 새로운 형태로 재구성하는 정신작용.
기억의 재생은 과거의 경험을 그대로 생각해내는 것이므로 상상이라고는 하지 않으며, 사고(思考)는 추상적 개념을 구사하는 것으로 이미지에 의존하지 않기 때문에 상상과는 구별된다. 상상의 내용이 현실에는 없는 것이라고 생각되는 경우, 이것을 공상이라고 한다. 그러나 달 여행은 공상이었지만 점차 상상으로 발전되더니 이제는 현실이 되었다. 상상하는 사람은 그 내용이 현실이 아니라는 것을 알고 있으나, 망상(忘想)이나 환각(幻覺)은 있지도 않은 것을 현실로서 생각해 낸다는 데서 상상과는 구별된다.

☐ 찐빵

오븐을 쓰지 않고 증기로 쪄서 만든 빵.
이 빵은 수분 함량이 많아 변질되기 쉽다. 또 온도가 낮을 때는 녹말이 빨리 노화하여 끈기가 없어진다. 뜨거울 때 먹으면 입에 닿는 촉감이 부드러워 좋아하는 사람이 많은 서민적인 음식이다. 식어서 뻣뻣해진 것은 다시 찌면 된다.

☐ 단호박

호박 가운데 전분과 미네랄, 비타민 등의 함량이 많고, 맛도 좋아 식용으로 재배하는 호박. 녹말과 무기염류가 풍부하고, 비타민 B와 C가 많이 들어 있어 주식 대용으로 먹기도 한다. 일본에서는 1800년대 중반부터 미국에서 도입해 재배하기 시작하였고, 한국에서는 1990년대부터 도입해 널리 재배하고 있다.

▶ **준비 재료**
- 공작: 밀가루 강력분 200g, 달걀 1개, 물 1컵, 꿀 1TS, 이스트 5g, 소금 4g, 버터 20g, 깨, 건포도
〈소〉 단호박 1개, 설탕 10g, 아몬드 가루 약간

▶ **준비 도구**
- 찜기, 볼, 붓

▶ **참고 자료**
- 상상화 – 바닷 속 상상화면 더욱 좋다.

〈 활동과정 〉

▶ **흥미 끌기(5분)**
◎ 놀이를 이해하기(사물 이해하기, 주의 집중시키기)
- 다른 사람은 어떻게 상상하는지 자료를 찾아본다.
- 상상화의 느낌이 어떤지 이야기한다.

▶ **탐구하기(5분)**
◎ 만드는 방법 찾아내기
- 바닷 속에는 무엇이 살고 있을까?
- 바닷 속 상상의 동물을 만들 수 있을까?
- 찐빵을 어떻게 만들까?

▶ **놀이하기(20분)**
◎ 신나게 미술 놀이하기(놀기, 두드리기, 자르기, 붙이기, 그리기)

1. 밀가루에 반죽 재료를 넣고 반죽한다.
2. 단호박을 껍질을 깍아 쪄낸다.
3. 찐 단호박에 설탕과 슬라이스된 아몬드를 넣어 으깨어 둔다.
4. 밀가루 반죽을 떼어내고 소를 넣은 후 둥글게 모양내어 둔다.
5. 상상한 대로 바닷속 물고기를 만든다.

▶ **토론하기(5분)**

◎ 원리 발견하기(탐구력 키우기, 창의력 높이기, 감성 키우기, 오감 만족하기, 협응력 키우기, 정밀도 증가시키기)
  - 이스트는 알코올 발효가 일어날 때 다량의 이산화탄소를 발생시켜 빵을 부풀게 하는 작용을 한다.
• 상상한 물고기들을 모아 바닷속 풍경을 연출해 본다.

▶ **발전하기(5분)**

◎ 놀이 재료 활용하기(조리 방법 바꾸어 보기, 요리 재료 바꾸어 보기, 이렇게도 해보기)
 • 상상의 동물 모양대로 쿠키를 만들어 본다.
 • 원하는 맛대로 찐빵 소를 만들어 본다.
 • 쿠킹 다이어리를 작성한다.

창의적 아동 요리   215

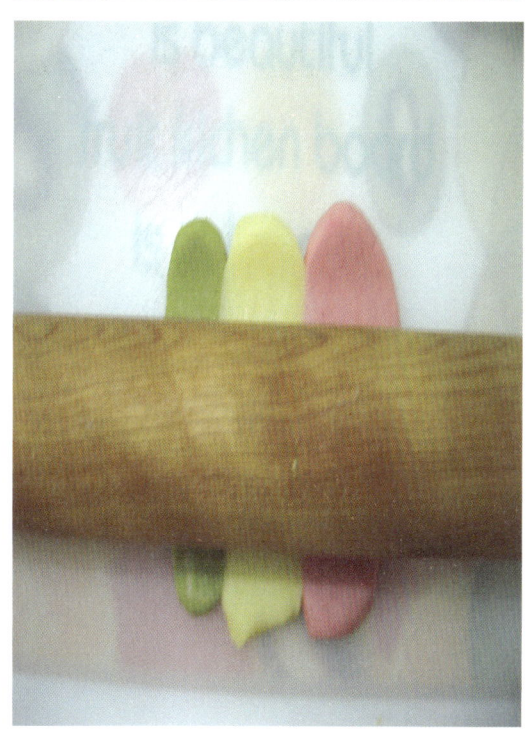

216 감성지수를 높이는

40. 브로컬리 크루스타트

▶ 주제
- 그릇 만들기 - 브로컬리 크루스타트

▶ 활동 목표
- 그릇의 종류를 구별할 수 있다.
- 그릇의 변천사를 알고 그릇의 용도를 이해할 수 있다.

▶ 함께 알아보아요

☐ 토기

고려 시대에 고대로부터 전해 내려오던 토기는 더욱 발전을 하게 되어 토기 그릇으로 쓰일 뿐만 아니라 도자기로써 쓰기도 한다. 그리고 중국의 자기 기술을 받아들여 청자를 만들었는데 바로 이것이 세계에서 가장 아름다운 고려청자이다. 또한, 경질 토기의 발전으로 저장성이 우수해서 항아리 등으로 쓰이게 되었다.

☐ 유기(鍮器)

놋쇠로 만든 그릇.

유기의 종류로는 크게 식기류, 혼사용구, 제사용구, 불기류(佛器類), 난방용구, 등잔류 등이 있다. 고려 시대에는 범종, 금고(金鼓), 정병(淨甁), 향로, 금동탑, 사리함, 제기 등의 불구가 놋그릇으로 만들어졌으며, 그 외에도 식기, 농악기, 꽃병 등 생활도구도 놋그릇으로 만들어졌을 것으로 여겨진다. 고려 시대의 유기는 동체가 얇고 질긴 것이 특징이다. 조선 시대에는 국가에서 동(銅)을 채굴하여 유기의 생산을 장려하였다.

☐ 도자기

질흙으로 빚어서 높은 온도에서 구워낸 제품.

▶ 준비 재료
- 공작: 식빵 두 장, 브로컬리 300g, 크림치즈 90g, 사워크림 30g, 호두 100g

▶ 준비 도구

- 지름 7cm의 원형 쿠키틀, 미니 머핀
▶ **참고 자료**
- 그릇의 사진, 실제 그릇

〈 활동과정 〉

▶ **흥미 끌기(5분)**
◎ 놀이를 이해하기(사물 이해하기, 주의 집중시키기)
- 그릇은 언제부터 사용했을까?
- 먹을 수 있는 그릇이 있을까?

▶ **탐구하기(5분)**
◎ 만드는 방법 찾아내기
- 크루스타트: 요리에서 먹을 수 있는 용기를 말한다.
  예를들면 바케트 빵 속에 스프를 채워 먹는 것도 크루스타트의 한 종류이다.
- 어떻게 먹는 그릇을 만들 수 있을까?

▶ **놀이하기(20분)**
◎ 신나게 미술 놀이하기(놀기, 두드리기, 자르기, 붙이기, 그리기)

〈그릇 만들기〉
1. 식빵을 밀대로 밀어 납작하게 만든다.
2. 납작해진 식빵을 과자틀로 찍어낸다.
3. 미니 머핀틀 안에 식빵을 넣고 같은 크기의 머핀틀로 겹쳐 눌러준다.
4. 예열한 170°C의 오븐에서 6분간 굽는다.

〈 그릇 채우기〉
5. 브로컬리는 끓는 소금물에 살짝 데쳐준 다음 체에 건져낸다.
6. 실온에 둔 크림치즈, 사워크림을 부드럽게 섞어준다.
7. 구어진 크루스타트 안에 넣고 브로컬리와 호두를 올린다.

▶ **토론하기(5분)**
◎ 원리 발견하기(탐구력 키우기, 창의력 높이기, 감성 키우기, 오감 만족하기, 협응력 키우기, 정밀도 증가시키기)
  • 또 다른 먹을 수 있는 그릇은 무엇이 있을까?

▶ **발전하기(5분)**
◎ 놀이 재료 활용하기(조리 방법 바꾸어 보기, 요리 재로 바꾸어 보기, 이렇게도 해보기)
  • 치즈 바스켓에 대해서도 설명해준다.
  • 점성이 강한 감자채를 가지고도 그릇을 만들 수 있다.
  • 쿠킹 다이어리를 작성한다.

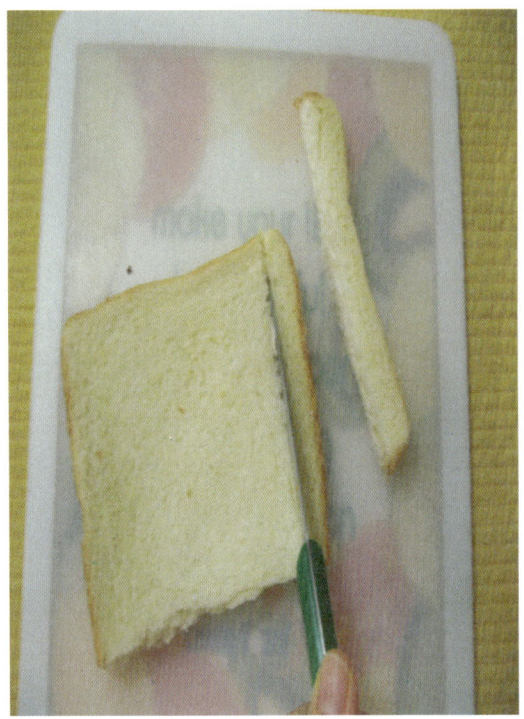

창의적 아동 요리

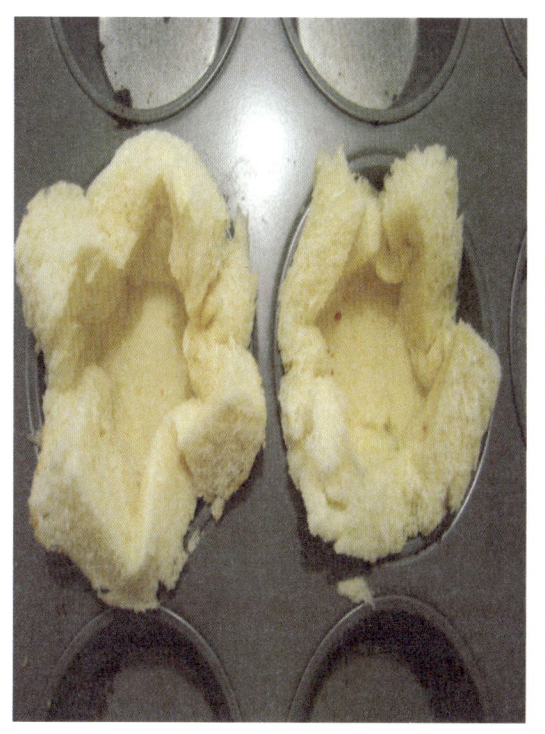

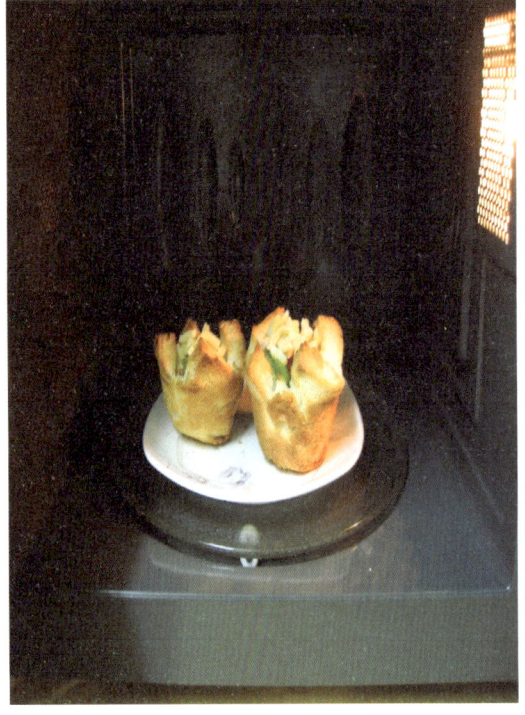

41. 야채 숲 샐러드

▶ **주제**
- 놀이터와 공원 - 야채 숲 샐러드

▶ **활동 목표**
- 편안한 공원을 상상해 낼 수 있다.
- 공원을 조성할 수 있다.
- 나무와 바위 등을 표현할 수 있다.

▶ **함께 알아보아요**

☐ 공원이란?
　공공녹지로서 자연지(自然地)나 또는 인공적으로 조성한 후생적 조경지

☐ 공원의 사진

☐ 자연공원
　자연공원은 자연생태계나 자연 및 문화경관을 대표할 만한 지역으로서 국립공원, 도립공원 및 군립공원으로 나뉜다. 국립공원은 한국의 풍경을 대표할 만한 수려한 자연풍경지를 대상으로 하고, 환경부장관이 지정하여 관리하는 공원을 말한다. 그 외 도립공원과 군립공원이 있다.

☐ 도시공원
　도시계획법에 따라서 도시계획 시설로서 설치되는 녹지지역·풍치지구 등의 공원 및

녹지를 말하며, 도시 내부 또는 주변에 조성하는 후생적 조원(厚生的造園)으로 시민의 레크리에이션을 위하고 도시생활자에게 생활의 윤택함을 주기 위한 것이다. 처음에는 도시 미관적 시설로서 설치되었으나, 최근에는 시민의 일상생활에 한층 더 밀착하여 휴식·운동·행락(行樂) 등에 이용되는 경향이 있으며, 도시공원은 도시 내의 오탁(汚濁)된 공기를 정화하고 화재가 번져나가는 것을 방지하며, 재해 발생 시는 피난장소로도 이용된다.

▶ **준비 재료**
- 공작: 모닝 빵, 브로컬리, 양상추, 오이, 머스터드 소스

▶ **준비 도구**
- 넓은 접시

〈 활동과정 〉

▶ **흥미 끌기(5분)**
◎ 놀이를 이해하기(사물 이해하기, 주의 집중시키기)
- 공원에 놀러 갔던 이야기를 한다.
- 공원의 조감도를 보여 주고 만들 것을 생각해 본다.

▶ **탐구하기(5분)**
◎ 만드는 방법 찾아내기
- 공원에 들어갈 것의 종류를 선별한다.
- 전체적인 공원의 조감도를 그려본다.

▶ **놀이하기(20분)**
◎ 신나게 미술 놀이하기(놀기, 두드리기, 자르기, 붙이기, 그리기)
1. 브로컬리는 깨끗이 씻어 살짝 데친다.
2. 양상추는 손으로 찢어 모양을 낸다.

3. 모닝빵은 가운데를 잘라 버터를 발라 둔다.
4. 오이는 잘라 벤치로 꾸민다.
5. 접시에 머스터드 소스로 길을 낸다.
6. 준비된 야채들로 나무를 세우고 바위를 만들면서 공원을 조성한다.

▶ 토론하기(5분)

◎ 원리 발견하기(탐구력 키우기, 창의력 높이기, 감성 키우기, 오감 만족하기, 협응력 키우기, 정밀도 증가시키기)
- 처음에 구상했던 공원이 맞게 설립되었는지 비교해 본다.
  - 실제의 나무와 비슷한가?
  - 바위 모양은 비슷하게 나왔나?

▶ 발전하기(5분)

◎ 놀이 재료 활용하기(조리 방법 바꾸어 보기, 요리 재료 바꾸어 보기, 이렇게도 해보기)
- 모닝빵 대신 바게트를 이용하여 바위를 표현해 본다.
- 공동으로 놀이공원의 놀이기구를 만들어서 커다란 공원을 만들어도 본다.
- 쿠킹 다이어리를 작성한다.

감성지수를 높이는

창의적 아동 요리 227

42. 색 김밥 표지판

▶ **주제**
- 마크와 표지판 - 색 김밥 표지판

▶ **활동 목표**
- 마크에 대해 이야기할 수 있다.
- 표지판의 종류와 의미를 이야기할 수 있다.
- 스스로의 표지판을 만들고 의미를 부여할 수 있다.

▶ **함께 알아보아요**

☐ 표지판(교통 표지반)

교통의 원활하고 안전한 흐름을 위하여 일정한 표시를 해 놓은 판.

 주의 표지판
빨간 테두리, 노란색 바탕에 검정 그림, 글의 표지판은
다음과 같으니 주의하세요! 라는 뜻

+교차로	우측차로 없어짐	공사중	우좌로 굽은 도로	어린이 보호구역	강변도로

 규제, 제한, 금지 표지판
빨간 테두리, 흰색 바탕에 검정 그림과 글의 표지판은
다음과 같으니 하지 마세요! 라는 뜻

앞지르기 제한   좌회전 금지   최고 속도 제한   최저 속도 제한   일시정지   주,정차 금지

지시 표지판
파란색 바탕에 흰색 그림과 글의 표지판은 다음과 같으니 이렇게 하세요! 라는 뜻

자전거   보행자 전용도로   횡단보도 전용도로

▶ **준비 재료**
- 공작: 김 두장, 쌀 500g, 오이, 당근, 햄, 달걀, 단촛물(백설탕 200g, 소금 90g, 식초 250g, 레몬 1/8)

▶ **준비 도구**
- 김밥, 삼각김밥 틀

▶ **참고 자료**
- 마크와 표지판의 종류와 사진자료들

〈 활동과정 〉

▶ **흥미 끌기(5분)**
◎ 놀이를 이해하기(사물 이해하기, 주의 집중시키기)
- 각종 마크와 표지판의 사진을 본다.

▶ **탐구하기(5분)**
◎ 만드는 방법 찾아내기
- 표지판의 자료들을 보면서 표지판이 뜻하는 바가 무엇인지 생각한다.
- 무슨 표지판을 만들지 생각한다.

▶ **놀이하기(20분)**
◎ 신나게 미술 놀이하기(놀기, 두드리기, 자르기, 붙이기, 그리기)
1. 쌀을 씻어 불린 후 밥을 짓는다.
2. 단촛물을 만든다(냄비에 소금, 설탕, 식초를 넣고 약불에서 눌러붙지 않게 서서히 젓는다.) 이때 식초를 40℃ 이상의 온도가 되지 않게 주의한다.
3. 밥이 다 되면 일부를 백련초 가루와 녹차가루를 섞어 밥에 색을 낸다.
4. 준비된 야채들을 볶아서 김밥 안에 넣고 모양을 낸다.
5. 김밥의 단면을 잘라 모양을 보고 원하는 모양으로 맞춘다.

▶ **토론하기(5분)**
◎ 원리 발견하기(탐구력 키우기, 창의력 높이기, 감성 키우기, 오감 만족하기, 협응력 키우기, 정밀도 증가시키기)
- 야채의 위치를 어떻게 놓아야 단면을 잘랐을 때 원하는 모양이 나올까?
- 밥의 색을 이용하여 무엇을 나타낼 수 있을까?
- 내가 만든 표지판이 무엇을 뜻하는지 이야기하고 듣는다.

▶ **발전하기(5분)**
◎ 놀이 재료 활용하기(조리 방법 바꾸어 보기, 요리 재료 바꾸어 보기, 이렇게도 해보기)
- 삼각김밥 틀을 이용해서도 만들어 본다.

- 나만의 마크를 구상해서 만들어 본다.
- 쿠킹 다이어리를 작성한다.

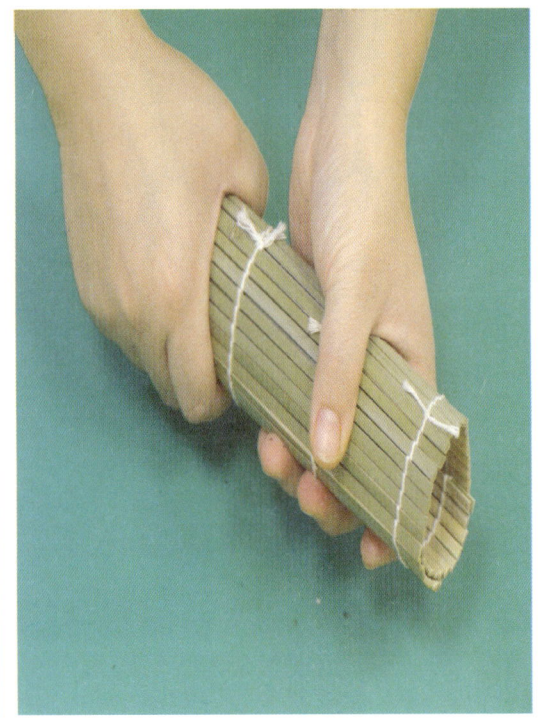

창의적 아동 요리

43. 과일깎이로 색의 변화 알기

▶ **주제**
- 산과 공기의 접촉

▶ **활동 목표**
- 과일의 성질을 설명할 수 있다.
- 갈변에 대해서 설명할 수 있다.
- 색이 변하는 과정을 관찰할 수 있다.

▶ **함께 알아보아요**

□ 갈변

　갈변이란 한마디로 산화작용이다. 이런 산화작용을 갈변현상이라고 하며 과일의 표면이 공기 중에 산소와 만나게 되면 산화효소의 작용으로 점차 갈색으로 변화가 되는 현상을 말한다. 칼로 자르거나 껍질을 벗기면 심한 스트레스를 받은 과일의 성분이 호흡이 증가되고 에틸렌 가스가 생성되는 현상이 발생되며 이것은 폴리페놀 산화효소가 공기 중의 산소와 반응하는 과일의 성분이다. 갈변이 일어나지 않는 감의 경우 탄닌 성분이 수용성이기 때문에 효소와 결합해서 산화효소가 활성을 잃기 때문에 갈변이 일어나지 않는다.

◎ 갈변이 잘 일어나는 과일
　사과, 바나나, 복숭아, 배, 고구마, 감자, 가지

◎ 갈변 예방법
　갈변의 주 원인이 되는 폴리페놀 산화효소는 철이나 구리에 의하여 더욱 활성화되고 염소이온에 의하여 억제되기 때문에 갈변을 방지하기 위해서는 철이나 구리로 만든 도구를 피하고 묽은 소금물이나 설탕물에 담그면 방지할 수 있다. 포도, 레몬이나 귤과 같은 신맛이 강한 과일은 비타민 C를 많이 함유하고 있기 때문에 갈변현상이 일어나지 않는다.

▶ **준비 재료**
- 사과, 물 1컵, 설탕 1T, 꼬치

▶ **준비 도구**
- 도마, 칼, 모양틀, 볼, 유리컵 2개

▶ **참고 자료**
- 사과, 배, 감 등의 과일 사진

〈 활동과정 〉

▶ **흥미 끌기(5분)**
◎ 놀이를 이해하기
- 과일에 대해서 알아본다.
- 맛이 비슷한 과일들을 알아본다.
  - 과일에는 어떤 맛들이 존재하니?
- 과일에 성분에 대해서 이야기해 본다.

▶ **탐구하기(5분)**
◎ 놀이방법 찾아내기
- 사과의 모양을 살펴보자.
  - 사과의 색은 어떤 색이니?
  - 속은 어떤 색이지?
  - 겉과 속이 왜 다를까?
- 사과의 냄새를 맡으며 어떤 맛일지 상상해 본다.

▶ **놀이하기(20분)**
◎ 신나게 자르고 붙이기
1. 사과를 깨끗이 씻는다.
2. 사과를 슬라이스로 자른다.
3. 모양틀로 사과를 찍는다.
4. 물에 설탕을 넣어 설탕이 잘 섞이도록 젓는다.
5. 찍어낸 사과를 반은 설탕물에 반은 실온에 놔둔다.

6. 실온에 놔둔 사과를 꼬치에 끼워놓는다.
7. 설탕물에 놔둔 사과를 꼬치에 끼워놓는다.
8. 꼬치에 끼워 놓은 사과를 각각 컵에 담는다.
9. 색이 어떻게 변하는지 관찰해 본다.
10. 색깔 시리얼을 붙여 장식한다.

▶ 토론하기(5분)

◎ 원리 발견하기
- 사과는 어디에서 자라는 과일이지?
- 사과를 어떤 모양 틀로 찍으면 좋을까?
- 사과의 색이 어떻게 변했니?

▶ 발전하기(5분)

◎ 놀이 재료 활용하기
- 남은 사과를 갈아 레몬즙과 섞어 도화지에 그림을 그린 후 오븐에 살짝 구워보자. (어떤 그림이 보일까?)

창의적 아동 요리

 238 감성지수를 높이는

44. 과일 송편 만들기

▶ **주제**
- 관찰

▶ **활동 목표**
- 과일의 겉과 속을 관찰할 수 있다.
- 재료를 보며 특징을 표현할 수 있다.
- 다양한 표현으로 창의력을 키울 수 있다.

▶ **함께 알아보아요**

☐ 송편

송편은 멥쌀가루를 익반죽하여 소를 넣어 반달 모양으로 빚어 솔잎을 깔고 쪄내는 추석명절에 빠질 수 없는 전통 요리이다. 소는 깨, 콩, 녹두, 밤 등이 사용되며 본래 추석 때 햅쌀과 햇 곡식으로 송편을 빚어 한해의 수확을 감사하며 조상님들에게 차례상을 바치던 명절떡이었는데 요즘은 계절에 관계없이 만들어 먹는다. 반달로 빚은 송편을 솔잎을 켜켜이 넣어 쪄내면 서로 달라 붙지 않게 되는데 이는 조상들의 지혜이다. 쪄낸 송편은 뜨거울 때 꺼내어 냉수에 헹궈 솔잎을 떼내고 소쿠리에 건져 물기를 뺀 후 참기름을 골고루 묻히면 더욱 고소한 맛이 난다.

☐ 참외

참외는 인도산 야생 종에서 개량된 것으로 재배 역사가 긴 식물이다. 중국에서 기원전부터 재배되어 왔으며 5세기 경에는 현대 품종의 기본형이 생겨났다. 꽃은 6~7월에 노란 색으로 피고 열매는 장과로 타원형 모양으로 자라며 황록색, 황색 등 기타 여러 가지 빛깔로 익는다.

☐ 자두

자두는 생식으로 먹을 뿐 아니라 젤리나 잼의 원료가 되고, 통조림이나 과실주 등으로 이용되고 있다. 건과로 이용하는 품종을 플럼이라 하며 마른 자두는 아침식사로 이용하며 제과, 제빵에 장식으로 쓰인다. 당분이 약 10% 정도며 신맛은 약하고 비타민은 적다.

▶ **준비 재료**
- 쌀가루 1/2컵, 소금 5g, 참기름 5g, 설탕, 깨, 물, 쑥가루, 백년초가루, 단호박가루 1T

▶ **준비 도구**
- 가스레인지, 찜기, 그릇, 스푼

▶ **참고 자료**
- 참외, 자두 사진

〈 활동과정 〉

▶ **흥미 끌기(5분)**
◎ 놀이를 이해하기
- 떡에 대해서 알아본다.
- 송편에 대해서 알아본다.
  - 송편은 어떤 음식이니?
- 과일 모양에 대해 관찰해 보자.

▶ **탐구하기(5분)**
◎ 놀이방법 찾아내기
- 송편 만드는 법에 대해서 이야기해 본다.
  - 송편을 만들어 봤니?
  - 어떤 소를 넣은 것이 맛있니?
  - 어떤 모양으로 만들면 더 재밌고 예쁠까?
- 과일 모양에 대해 관찰해 보자.

▶ **놀이하기(20분)**
◎ 신나게 자르고 붙이기
1. 쌀가루를 채에 내려 곱게 준비한다.
2. 쌀 1컵에 단호박가루 물 1T를 익반죽한다.
3. 쌀 1컵에 백년초가루 물 1T를 익반죽한다.
4. 쌀 1/2에 쑥가루 물 1T를 익반죽한다.
5. 설탕과 깨를 섞어 소를 준비한다.

6. 단호박 반죽을 떼어 5번 소를 넣고 송편을 동그랗게 만든다.
7. 스푼으로 참외 줄 모양을 내고 쑥가루 반죽으로 꼭지를 만든다.
8. 백년초 반죽은 자두 모양을 만들고 쑥가루로 잎을 만든다.
9. 김이 오르는 찜기에 10분 쪄낸다.
10. 물 1/2컵에 참기름을 넣고 송편을 꺼내 서로 달라 붙지 않도록 묻혀 준다.

▶ 토론하기(5분)

◎ 원리 발견하기

- 떡은 무엇으로 만드는지 아니?
- 쌀가루에 천연 가루를 넣으면 색이 어떻게 변할까?
- 어떤 과일을 만들고 있니?
- 쪄내면 색이 어떻게 변할까?

▶ 발전하기(5분)

◎ 놀이 재료 활용하기

- 과일 전체가 아닌 부분의 특징을 살려 모양을 만들어 보자.

242 감성지수를 높이는

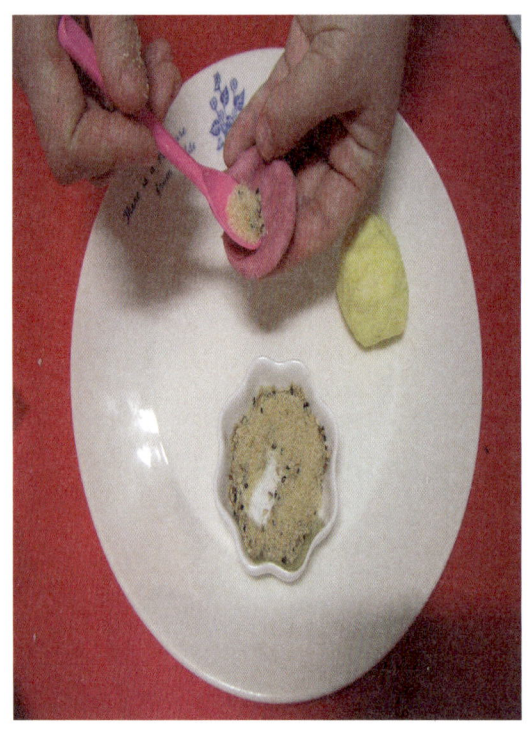

창의적 아동 요리

45. 식빵으로 얼굴 만들기

▶ **주제**
- 재료의 차이

▶ **활동 목표**
- 곡물의 차이를 알 수 있다.
- 세계인의 피부색과 그 종류에 대해서 알 수 있다.
- 창의성을 기른다.

▶ **함께 알아보아요**

☐ 인종

　인종이란 용어가 여러 가지 의미로 사용되고 있으나 본래는 생물학상의 특징(혈액형·피부색·모발 등)으로 인류(homo sapiens)를 구분할 때 사용되는 개념이다.

☐ 식빵

　식빵의 기본재료에 각각의 특징이 있는 재료를 넣어 주게 되면 식빵의 질감이나 색, 풍미, 모양이 변화하게 된다.
　밀가루: 구조를 잡아주는 역할
　물: 재료들이 잘 섞이도록 도와 주는 역할, 수분 공급
　유지: 빵을 부드럽게 하고 향을 주는 역할
　이스트: 빵의 팽창을 도와주는 역할
　소금: 이스트의 먹이가 되며 반죽에 탄력을 주는 역할
　설탕: 단맛을 주며 껍질 색에 도움을 주는 역할
　계량제: 효모작용하여 부풀게 하는 역할

☐ 곡물

　곡물은 식용으로 하는 농작물의 입상 열매를 총칭하며 주로 녹말의 당질로 구성되어 있으며 맛이 담백하고 상식을 하기에 알맞다. 재배 시기가 한정되어 있으나 널리 재

배가 가능하며 수량이 많으며 수분함량이 적고 외부가 단단한 껍질로 덮여 있어 장기 저장이 가능하다.

▶ **준비 재료**
- 흑미, 옥수수, 후레쉬 식빵, 메추리알, 숏파스타, 딸기잼

▶ **준비 도구**
- 냄비, 프라이팬(오븐), 포도씨유, 수저

▶ **참고 자료**
- 서적, 그림

〈 활동과정 〉

▶ **흥미 끌기(5분)**
◎ 놀이를 이해하기
- 각 나라의 사람들은 우리의 신체 중 어떤 것이 다른지 알아보자.
- 지역별 사람들의 특징을 알아본다.
  - 지구의 날씨는 왜 다를까?

▶ **탐구하기(5분)**
◎ 놀이방법 찾아내기
- 각각의 식빵의 색을 관찰하며 냄새의 차이에 대해 알아본다.
  - 색이 어떻니?
  - 냄새가 어떻게 다르니?
  - 왜 서로 차이가 있을 것 같니?
- 각각의 식빵의 재료를 알아본다.

▶ **놀이하기(20분)**
◎ 신나게 자르고 붙이기
1. 메추리알을 5분 정도 삶아 찬물에 담궈 껍질을 벗긴다.
2. 메추리알을 모양을 살려 자른다.

3. 3가지 식빵을 종류별로 놓는다.
4. 각각의 식빵 위에 메추리알로 눈을 만들어 준다.
5. 딸기잼으로 입을 만들어 준다.
6. 파스타로 머리카락을 만들어 준다.

▶ **토론하기(5분)**

◎ 원리 발견하기
- 눈은 어떻게 만들어 줄까?
- 검정색 식빵 위에 어떤 입술을 만들어 주면 좋을까?
- 어느 나라 친구를 만들고 있니?

▶ **발전하기(5분)**

◎ 놀이 재료 활용하기
- 종류 별의 식빵에 각각 잼을 발라 하나씩 쌓아서 밀대로 밀어 동그랗게 말아 칼로 잘라 꼬치에 끼워 명도에 대해 관찰해 보자.

창의적 아동 요리 247

감성지수를 높이는

창의적 아동 요리

46. 알록달록 편수 만들기

▶ 주제
- 먹물 꽃만두

▶ 활동 목표
- 만두의 시초를 설명할 수 있다.
- 만두의 종류에 대해서 설명할 수 있다.
- 만두의 다양한 조리법을 익힐 수 있다.

▶ 함께 알아보아요

☐ 만두

　만두는 밀가루나 메밀가루 반죽으로 피를 만들어 고기와 채소 등을 넣어 빚어 찌거나 튀긴 음식이다. 원래 만두는 중국 남만인들의 음식으로 소를 넣지 않고 찐 떡을 만두라고 불렀으며 소를 놓은 것을 교자라 부른다. 만두의 시초는 제갈량이 멀리 나만을 정벌하고 돌아오는 길에 심한 풍랑을 만나게 되었는데 종자가 만풍에 따라 수신에게 사람의 머리 49개를 올리는 제사를 지내야 한다고 하여, 제갈량이 살인은 할 수 없으니 머리 모양으로 만인을 민가루로 빚어 제사를 지냈더니 풍랑이 가라앉았다는 것에서 시작되었다. 한국에서는 이익의 만두 이야기가 나오는 조선 영조 때 만두가 중국에서 들어온 것으로 보고 있다. 한국에서의 만두는 정초에 먹는 절식이며, 고기를 많이 넣은 고기 만두를 잔치때 주로 먹었다.
　익히는 방법과 소의 재료에 따라 만두의 종류가 나뉜다.

▶ 준비 재료
- 밀가루 1컵, 검은 깨 가루 1T, 물 3T, 달걀 1개, 피망 1/2개, 두부 1/4모, 참치 1캔, 식용유 5g, 당근 5g, 소금

▶ 준비 도구
- 냄비, 프라이팬, 도마, 칼, 젓가락, 스푼, 밀대, 볼, 그릇 접시

▶ 참고 자료
- 전통 만두 사진(편수, 석류만두, 규아상)

 감성지수를 높이는

〈 활동과정 〉

▶ **흥미 끌기(5분)**

◎ 놀이를 이해하기
- 만두의 종류에 대해서 알아본다.
- 만두의 모양에 대해서 살펴본다.
  - 어떤 모양의 만두를 먹어 봤니?
- 만두는 어떻게 만드는지 알아본다.

▶ **탐구하기(5분)**

◎ 놀이 법을 찾아내기
- 만두에 대해서 이야기해 본다.
  - 만두의 종류를 알고 있니?
  - 어떤 색이지?
  - 우리가 먹을 수 있는 것일까?
- 편수에 대해서 설명해주고 모양을 상상하게 된다.

▶ **놀이하기(20분)**

◎ 신나게 자르고 붙이기
1. 밀가루에 검은 깨 빻은 것과 물을 넣고 만두피를 반죽한다.
2. 달걀 흰자, 노른자를 분리해 지단을 붙여 각각 곱게 다진다.
3. 호박은 잘게 다져 소금으로 간을 한다.
4. 당근은 곱게 다져 소금으로 간을 한다.
5. 참치는 채에 바쳐 기름을 빼고 뜨거운 물을 살짝 끼얹어 준다.
6. 두부는 물기를 빼고 칼 등으로 다져 준다.
7. 참치와 두부를 섞어 소를 만들어 준다.
8. 만두피를 둥글게 밀어 소를 넣고 네모지게 가운데를 살짝 붙여준다.
9. 모서리 틈 사이로 달걀지단, 호박, 당근을 각각 채워 넣는다.
10. 김이 오르는 찜통에 10분 정도 쪄준다.

▶ **토론하기(5분)**

◎ 원리 발견하기
- 만두피에 오징어 먹물을 넣으면 어떨까?
- 어떤 색으로 변했니?
- 맛은 어떨까?

- 몇 가지 색의 꽃이 피었니?

▶ **발전하기(5분)**
◎ 놀이 재료 활용하기
- 만두를 반달로 접어 지그재그로 손가락으로 찝어 나뭇잎 만두를 만들어 보자.

252 감성지수를 높이는

창의적 아동 요리 253

47. 케이크 만들기

▶ **주제**
- 여백

▶ **활동 목표**
- 부분마다 공간의 차이를 이야기할 수 있다.
- 시럽의 원리를 설명할 수 있다.
- 케이크를 장식할 수 있다.

▶ **함께 알아보아요**

☐ 레이어 케이크

스펀지 형식의 느낌이 나는 케이크로 넣는 재료에 따라 엘로우, 화이트, 데블스, 초콜릿으로 불린다.

◎ 엘로우 레이어 케이크

재료: 박력분 270g, 설탕 300g, 달걀 160g(3개), 쇼트닝 130g, 소금 5g, 베이킹파우더 10g, 탈지분유 20g, 물 210g, 레몬즙 1/2개

1. 믹싱볼에 쇼트닝을 넣어 부드럽게 한다.
2. 설탕, 소금, 유화제를 넣어 크림화한다.
3. 아이보리 크림이 된 상태가 되면 달걀을 4~5회 나누어 넣는다.
4. 달걀이 다 들어가면 물 100g 뺀 후 1/2를 천천히 조금씩 넣는다.
5. 설탕이 100%로 다 녹을 때까지 섞어 준다.
6. 설탕이 다 녹으면 체친 가루를 넣어 손으로 신속히 믹싱한다.
7. 비중체크(0.8) 후 종이를 깔은 원형팬에 2/3 높이로 펜닝한다.
8. 펜닝한 팬을 살짝 내리쳐 기포를 제거한다.
9. 예열된 오븐(상-180℃, 하-160℃)에 20~25분 구워 준다.
팁 - 비중을 높게 만들어 펜닝 시 가운데를 살짝 들어가게 하면 완제품이 평평하게 나

온다. 크림화할 때, 달걀과 물은 나눠서 천천히 넣어준다.

◎ 크림법
크림법은 버터나 쇼트닝 같은 유지를 설탕과 믹스해 부드럽게 크림상태로 만들어 제조하는 방법이다.

▶ **준비 재료**
- 케이크 1개, 초콜릿 100g, 슈가파우더 1/2컵, 초코펜, 물 1컵, 설탕 1컵

▶ **준비 도구**
- 가스레인지, 냄비, 볼, 케이크 접시

▶ **참고 자료**
- 각 종류별 케이크 사진

〈 활동과정 〉

▶ **흥미 끌기(5분)**
◎ 놀이를 이해하기
- 케이크에 대해서 알아보자.
- 케이크의 종류에 대해서 이야기해 보자.
  - 어떤 케이크를 가장 좋아하니?

▶ **탐구하기(5분)**
◎ 놀이방법 찾아내기
- 케이크의 모양에 대해서 이야기해 보자.
  - 케이크의 모양은 어떻니?
  - 어떤 모양이 제일 이쁘니?
  - 어떻게 장식하면 더 좋을까?
- 케이크 데코레이션법에 대해서 알아보자.

▶ 놀이하기(20분)
◎ 신나게 자르고 붙이기
1. 냄비에 물과 설탕을 넣고 시럽을 끓여 준다.
2. 케이크 시트를 반으로 잘라 준다.
3. 완성된 시럽을 시트에 발라 준다.
4. 냄비에 물을 끓인다.
5. 볼에 초콜릿을 넣고 중탕으로 녹여 준다.
6. 녹은 초콜릿을 케이크 위에 발라 준다.
7. 초콜릿이 다 굳을 때까지 기다린다.
8. 초콜릿이 다 굳으면 모양을 놓고 슈가 파우더를 뿌려 준다.
9. 모양을 빼고 초콜릿으로 그림을 그려 준다.

▶ 토론하기(5분)
◎ 원리 발견하기
- 시럽을 더 오래오래 끓이면 어떻게 될까?
- 초콜릿을 녹이려면 어떤 방법이 좋을까?
- 얼마나 지나야 초콜릿이 굳을까?
- 파우더를 뿌린 후 모양을 걷어 내면 어떤 모양이 나올까?

▶ 발전하기(5분)
◎ 놀이 재료 활용하기
- 데블스 케이크 시트로 생크림을 발라 데코레이션을 해보자.

창의적 아동 요리   257

감성지수를 높이는

48. 과자로 집 만들기

▶ **주제**
- 건축

▶ **활동 목표**
- 집을 짓는 원리를 알 수 있다.
- 내가 꿈꾸는 집을 완성할 수 있다.
- 창의력을 키울 수 있다.

▶ **함께 알아보아요**

□ 건축

건축은 구축물의 총칭으로 적절한 재료와 용도, 목적이 적합하며 안전하게 이룩되어야 하고 공공예술의 성격을 가지고 있다.

* 건축요소
1. 공강형태: 예술적 감흥
2. 구조기술: 견실함
3. 편리성, 유용성

항시 사회문화적인 존재로 생각되며 주변의 환경요소들과 조화를 이루어야 한다. 건축은 개체적인 존재와 존재로서의 의의를 동시에 갖추도록 한다.

□ 도형

도형은 어떤 모형을 위치와 모양, 크기만을 생각할 때 선, 점, 면, 입체와 집합을 통틀어 이르는 말이다. 선, 점, 면, 입체의 4가지를 기초 도형이라 하며, 모든 물체는 위치와 모양, 크기, 빛깔, 무게 등을 가지고 있다. 기하학에서의 물체의 연구는 그 물체 위치, 모양, 크기만을 문제삼고 생각하게 된다. 물체를 이와 같이 생각할 때 도형이라는 말을 쓰고 있다. 평면 위에 있는 도형을 평면 도형, 공간 속에 있는 도형을 공간 도형이라 하며, 공간 도형에 모양과 위치, 폭, 길이, 두께를 가지고 있어 입체 도형이라

일컫는다. 기초 도형으로서 면은 입체의 경계로서 모양, 위치, 넓이만 가지며 선은 면의 경계를 나타낸다. 두 면이 만날 때 발생되는 공통 부분으로 모양, 위치, 길이는 가지지만 폭, 크기는 가지지 않으며 점은 선의 끝으로 나타나는 도형이며 위치만 있고 크기는 존재하지 않는다.

▶ 준비 재료
- 각종 네모 과자, 초코과자, 강냉이, 초콜릿, 생크림

▶ 준비 도구
- 접시, 스푼

▶ 참고 자료
- 서적, 사진

〈 활동과정 〉

▶ 흥미 끌기(5분)
◎ 놀이를 이해하기
- 종류별의 과자들을 뜯어 놓고 살펴본다.
    - 각각 모양이 어떻니?
    - 무엇과 닮았니?
- 과자를 만지며 각각 단단한 정도를 알아보자.

▶ 탐구하기(5분)
◎ 놀이방법 찾아내기
- 우리가 알고 있는 집의 형태를 얘기해 보자.
    - 세상에 어떤 집이 존재하니?
    - 어떤 집에 살면 행복하고 즐거울까?
    - 과자로 만든 집은 어떨까?
- 집의 형태와 모형을 보여 주고 살펴본다.

▶ 놀이하기(20분)
◎ 신나게 자르고 붙이기

1. 접시를 준비한다.
2. 접시 위에 네모난 과자를 네모난 형태로 올려 놓는다.
3. 생크림을 위에 발라 시멘트 역할을 한다.
4. 네모난 과자를 생크림 위에 올려 2.3을 반복한다.
5. 길이가 긴 과자를 이용해 지붕을 만들어 본다.
6. 집의 형태를 완성시킨다.
7. 남은 과자로 창문과 문을 생크림으로 붙여 만든다.
8. 초코과자를 이용해 정원을 꾸며준다.
9. 강냉이를 이용해 정원 자갈을 깔아 준다.

▶ 토론하기(5분)

◎ 원리 발견하기
- 어떤 집을 지어 볼까?
- 어떤 집에 살고 싶어?
- 집은 꼭 네모난 모양일까?
- 정원엔 어떤 것들이 있지?

▶ 발전하기(5분)

◎ 놀이 재료 활용하기
- 과자를 생크림이 아닌 시럽으로 붙여 자동차를 만들어 보자.

262 감성지수를 높이는

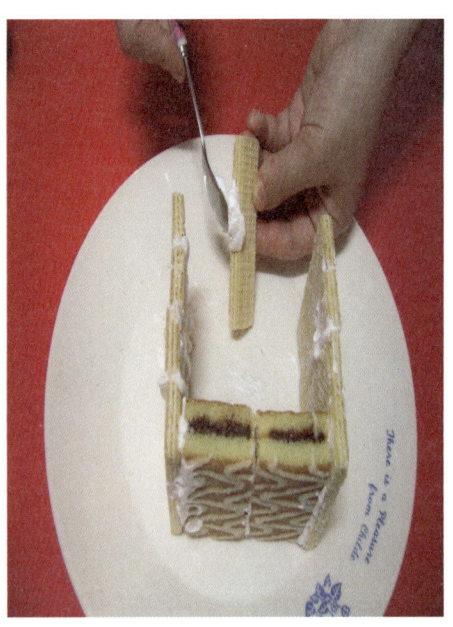

49. 야채볶음밥으로 얼굴 표현하기

▶ **주제**
- 표정

▶ **활동 목표**
- 표정을 관찰하며 설명할 수 있다.
- 표정을 생각하며 상상을 표현할 수 있다.
- 볶음밥을 만들며 쌀의 특징을 살펴볼 수 있다.

▶ **함께 알아보아요**

☐ 상상

상상은 경험으로 얻어진 심상을 새롭게 재구성하는 정신작용이다. 기억의 재생은 과거의 경험을 바탕으로 구사하는 것으로 이미지에 의존하지 않고, 사고는 추상적 개념을 구사하는 것으로 이미지 의존을 하지 않기 때문에 상상과는 차이가 있다. 상상은 현실에 없는 것을 토대로 표현되지만 현실성이 없는 것이라고 생각되면 공상이라 한다. 공상이 점차 발전되어 현실이 되는 경우도 있다. 상상하는 사람은 그 내용이 현실성에 떨어짐을 알고 있으며 환각이나 망상은 존재하지 않은 것을 현실로서 여기는 것에 대해 상상과의 차이를 가진다.

☐ 쌀밥의 영양과 성분

쌀을 씻어 물을 넣어 끓여 만들어지는 쌀밥은 조리법이 간단하고, 조미를 따로 하지 않아도 맛이 좋다. 우리 몸에 필요한 영양소가 풍부하며 소화 흡수도 빠르다. 도정이 많이 된 백미의 경우 비타민 B1과 무기염류가 다소 부족하기 때문에 양질의 부식과 함께 먹으면 충분한 영양보충을 할 수 있다. 쌀은 주성분이 녹말로 입자가 미세하며 수분은 약 65%로 열에 의한 호화가 빠르다. 필수아미노산이 풍부하기 때문에 식물성 단백질 중에 상위에 속하는 권장 식품이다.

▶ **준비 재료**
- 쌀밥, 햄 10g, 달걀 1개, 김치 10g, 양파 1/4개, 파프리카 2개, 소금 5g, 식용유 5g

▶ **준비 도구**
- 가스레인지, 프라이팬, 나무주걱, 도마, 칼, 그릇, 나무젓가락

▶ **참고 자료**
• 추억의 사진

〈 활동과정 〉

▶ **흥미 끌기(5분)**
◎ 놀이를 이해하기
  • 얼굴의 특징을 살펴본다.
  • 얼굴의 구조를 알아본다.
    - 우리 얼굴엔 무엇들이 존재하니?
  • 거울을 보며 나의 눈, 코, 입을 살펴보자.

▶ **탐구하기(5분)**
◎ 놀이방법 찾아내기
  • 표정에 대해서 이야기해 보자.
    - 얼굴의 표정은 몇 가지나 될까?
    - 웃는 표정은 어때?
    - 슬픈 표정은 어떻지?
  • 표정에 대한 특징을 이야기해 보자.

▶ **놀이하기(20분)**
◎ 신나게 자르고 붙이기
1. 파프리카를 깨끗이 씻어 준다.
2. 파프리카의 밑 부분쪽에 입을 만들어 준다.
3. 달걀을 그릇에 깨뜨려 담고 소금을 넣고 섞어 둔다.
4. 햄을 잘게 다진다.
5. 양파를 잘게 다진다.
6. 김치를 쫑쫑 잘게 썰어 놓는다.
7. 달군 팬에 식용유를 두른다.
8. 섞어둔 달걀을 넣고 젓가락으로 저어 몽글몽글 스크램 한다.
9. 다진 양파, 햄을 넣어 볶아 준다.
10. 밥을 넣고 살짝 볶아 준다.
11. 김치를 넣고 볶는다.
12. 볶은 밥을 파프리카 속에 넣어 준다.

▶ **토론하기(5분)**

◎ 원리 발견하기
- 어떤 표정을 표현할거니?
- 스크램블의 달걀의 모양이 어때?
- 밥이 어떻게 변했니?

▶ **발전하기(5분)**

◎ 놀이 재료 활용하기
- 파프리카를 꼭지 쪽을 반으로 잘라 배를 만들어 상상의 항해를 떠나보자.

266 **감성지수를 높이는**

창의적 아동 요리   267

50. 도시락으로 얼굴 표현하기

▶ **주제**
- 봄

▶ **활동 목표**
- 봄의 풍경의 특징을 관찰할 수 있다.
- 곤충에 대해서 설명할 수 있다.
- 사계절을 구별할 수 있다.

▶ **함께 알아보아요**

☐ 풍경화

풍경화는 경치가 주제로 된 그림을 뜻한다. 인물이나 동물 등이 그려져 있어도 점경으로 되어 있는 경우를 풍경화라 한다. 동양에서 오도현, 왕유에 의한 산수화 속에 개성의 해방을 주장하는 내용이 들어 있고, 송나라에는 마원, 하규, 양해, 모계, 옥간 등에 의해 수묵산수가 그려졌다. 서양은 15세기에 들어서 인물화의 배경으로 풍경이 들어간 것을 바탕으로 17세기 네덜란드의 화가들이 자연의 공기와 빛에 관심을 가지며 객관적인 정경을 그렸다. 18세기 영국에서 자연을 직접 묘사하는 풍경화가 그려졌으며 화풍에 끌려 대상에 명암을 넣는 풍경화를 확립했다. 19세기 인상파 화가들에 의해 풍경화는 회화의 중요한 부문이 되었고, 이리하여 자연의 넓이와 주위와의 관계에 의한 공간감을 정위하는 구도법을 풍경화에 성립시켰다.

☐ 봄

사계절이 뚜렷한 한국의 첫번째 계절이다. 황사현상과 심한 일교차와 같은 특징을 보인다.
식물: 얼어붙은 땅이 녹기 시작하면 싹을 띄우고 꽃을 피운다.
조류: 겨울새는 북녘으로 떠나가고 여름새들이 도래하기 시작한다.
곤충: 동면하던 곤충들이 활동을 시작한다.

□ 달걀지단

달걀을 깨뜨려 풀어 팬에 넓게 부쳐서 만드는 알고명이다.
노른자와 흰자를 분리하여 부친 것을 한식의 고명으로 주로 이용된다.
고명은 음식의 모양을 더욱 돋보이게 하고 음식의 맛을 더하기 위해 음식 위에 얹는다.

▶ 준비 재료
- 밥, 달걀 3개, 완두콩 100g, 식용유 5g, 소금 5g

▶ 준비 도구
- 가스레인지, 프라이팬, 도시락, 스텐볼, 채, 숟가락, 도마, 칼, 키친타올

▶ 참고 자료
- 계절 사진, 책

〈 활동과정 〉

▶ 흥미 끌기(5분)
◎ 놀이를 이해하기
- 봄의 특징을 알아본다.
- 봄의 색을 찾아본다.
  - 봄을 어떤 색으로 말하면 좋을까?
- 봄에 볼 수 있는 것에 대해 이야기해 본다.

▶ 탐구하기(5분)
◎ 놀이방법 찾아내기
- 봄에 느낌에 대해서 이야기해 본다.
  - 봄은 어떤 계절이니?
  - 봄에는 어떤 곤충들을 볼 수 있을까?
  - 봄에 땅 위엔 무엇이 자라니?
- 봄의 생물과 식물, 곤충에 대해서 이야기해 본다.

▶ **놀이하기(20분)**

◎ 신나게 자르고 붙이기

1. 달걀을 흰자와 노른자를 각각 분리해 담는다.
2. 소금을 넣고 거품이 생기지 않도록 천천히 저어 섞는다.
3. 달걀의 흰자와 노른자를 각각 채에 내린다.
4. 프라이팬을 뜨겁게 달군다.
5. 프라이팬에 소량의 식용유를 넣고 키친타올로 고루 펴준다.
6. 팬에 흰자와 노른자를 각각 넓게 지단을 붙여 준다.
7. 지단이 찢어지지 않도록 조심한다.
8. 지단을 꺼내어 식혀 준다.
9. 도시락에 흰 밥을 담는다.
10. 밥 위에 완두콩으로 잔디를 표현한다.
11. 지단을 색종이 삼아 가위로 잘라 풍경을 표현한다.

▶ **토론하기(5분)**

◎ 원리 발견하기

- 달걀을 분리할 때 어떻게 하면 쉽게 할까?
- 달걀 속에는 어떤 색들이 숨어 있니?
- 지단을 넓게 찢어지지 않게 하려면 어떻하면 좋을까?
- 지단으로 무엇을 표현하면 좋겠니?

▶ **발전하기(5분)**

◎ 놀이 재료 활용하기

- 노른자를 먼저 팬에 펼치고 거의 익었다 싶을 때 흰자를 위에 펼쳐 다 익기 전에 돌돌 말아 계란말이를 완성해 잘라 모양을 살펴보자.

창의적 아동 요리 271

272 **감성지수를 높이는**